달동네

문화의 길 011
끈질긴 삶터
달동네
ⓒ 김은형 2015

초판 1쇄 인쇄 2015년 7월 20일   초판 1쇄 발행 2015년 7월 27일
지은이 김은형 **펴낸이** 이기섭 **기획** (재)인천문화재단 **편집** 최광렬 **마케팅** 조재성 정윤성 한성진 정영은 박신영
경영지원 김미란 장혜정 **디자인** 오필민 디자인 **펴낸곳** 한겨레출판(주) **등록** 2006년 1월 4일 제313-2006-00003호
주소 121-750 서울시 마포구 공덕동 116-25 한겨레신문사 4층 **전화** 02)6383-1602~3 **팩스** 02)6383-1610
홈페이지 www.hanibook.co.kr **이메일** ckr@hanibook.co.kr

값은 뒤표지에 있습니다. 파본이나 잘못된 책은 서점에서 바꾸어 드립니다.

ISBN 978-89-8431-881-6 04080

문화의 길
총서
11

꼰질긴
삶터

달
동
네

글·사진 김은형

한겨레출판

게으른 산책자의
느린 걸음으로

이제 오십을 훌쩍 넘은 큰언니는 인천에 처음 도착했던 날을 아직도 기억한다. '국민학교' 4학년이던 언니는 2학년 동생 손을 꼭 잡고 서울에서 버스를 타고 와 생전 처음 인천 땅을 밟았다. 교통편도 도로도 지금보다 험난했을 1970년대 초였다. 어린아이 둘이 몇 시간 여행을 하다니 요즘 같은 세상에서는 상상도 하기 힘든 일이지만, 아버지 직장 때문에 먼저 인천에 이사 와 있던 엄마는 정류장도 아닌 집 앞 골목에서 반갑게(?) 언니들을 마중했다고 한다.

그때 나는 엄마 뱃속에 있었다. 서울 신당동에서 인천으로 이사를 하며 엄마는 서울 집을 팔지 않았다. 언젠가 다시 돌아가리라는 생각에서 그랬다고 한다. 전쟁 통에 인천으로 피난 내려온 실향민이나 일자리를 찾기 위해 남쪽에서 배를 타고 인천으로 올라온 이주자들처럼, 엄마에게도 인천은 정주의 거처가 아니라 잠시 머무르는 도시였던 것 같다. 그때 교회학교 아이들과 찍은 사진에서 맨발의 친구들 가운데 유일하게 하얀 양말을 발목까지 올리고 찍은 언니의 모습에는, 구질구질한 달동네의 무리와 어울리지 않겠다는 엄마의 '자존심'이 반영돼 있었을 터이다. 실은 우리 식구들이 떠나온 신당동도 서울의 달동네였는데 말이다.

이 글을 쓰는 지금까지 남아 있는 초록 대문 송림동 우리 집은 현대시장이 붙어 있는 골목에 있었다. 손바닥만 한 마루에 방 두 개가 딱 붙어 있는 열댓 평짜리 집이었다. 지금 같으면 세 식구 살기도 비좁다 할 이 집에 우리 다섯 식구가 오롯이 산 건 몇 달 안 된다. 나중에 할머니와 삼촌, 이모들까지 합류했으니 말이다.

외삼촌은 명문 인천중학교에 가겠다는 꿈을 안고 할머니와 함께 초등학교 6학년 때 우리 가족보다 먼저 인천에 도착했다. 처음 이사 온 곳은 빛 한 조각 깃들기 힘들던 송월시장 옆 단칸방이었다. 부농은 아니어도 땅마지기 일구던 농사꾼의 장남으로 유학까지 온 삼촌에게 아침마다 줄을 서야 하는 지저분한 공중변소는 꽤나 충격적이었나 보다. 그때 삼촌은 "후진" 집이 부끄러워서, 담임선생님이 가정방문 온다고 할 때마다 도망갈 핑계거리를 만드느라 애를 먹었다고 한다. 그래도 자유공원 맥아더 동상 앞에서 열렸던 반공 웅변대회에 나가 상을 받고 국어사전을 상품으로 받았던 일은 아직까지 뿌듯한 추억으로 남아 있다. 유감스럽게도 삼촌이 중학교 들어갈 때 입시 제도가 '뺑뺑이'로 바뀌었다. 뺑뺑이에서 분홍색 은행 알이 떨어진 탓에, 열심히 공부한 보람도 없이 선인중학교에 들어갔다. 뉴욕을 "뉴녁"이라고 발음하는 도덕 선생님에게 영어를 배우며, 쉬는 시간이면 1층에만 있는 화장실에 가기 위해 7층, 8층의 교실에서 냅다 달려 내려오곤 했다.

우리 식구가 인천에 온 이듬해 봄 내가 태어났다. 인천에 오기 전 시어머니, 그러니까 나의 할머니가 갑작스럽게 돌아가셔서 시집살이로부터 해방된 엄마는 셋째를 가지고서야 비로소 눈치 보지 않고 집 옆 현대시장에서 먹고 싶은 과일을 사 먹었다고 한다. 하지만 온 가족이 넉넉하게 과일을 사 먹을 만한 여유는 없었으므로, 그때 여덟 살이던 작은언니는 집에 돌아오면 엄마가 남긴 참외나 포도 껍질을 보며 늘 분개했다고 한다. 그 덕에 나는 언니들과 달리 우량아 선발 대회에 당장 출전해도 될 만큼 건강한, 엄마 표현에 따르면 그때 인기몰이 하던 "레슬링 선수 같은" 체격으로 태어났다. 작은언니는 하얀 가운을 입은 간호사가 병원차에서 내려 통통한 아기를 안고 집까지 들어오던 모습이 아직도 생생하다고 한다. 그때 나를 받은 이가, 지금은 명사가 된,

인천 용동 이길여산부인과의 이길여 원장이었다.

빈민 거주지, 불량 주택 밀집 지역. 달동네의 사전적 의미는 '달동네'라는 단어가 주는 어감만큼 정겹지도, 낭만적이지도 않다. 지저분한 공동변소, 새벽부터 물지게를 지고 줄 서야 했던 공동 수도, 이따금 이웃의 사망 소식을 전하던 연탄가스 등, 달동네 하면 떠오르는 이미지들은 신산하기만 하다.

최근 몇 년 새, 고생스러웠던 달동네의 기억들이 '추억'으로 다시 호출되고 있다. 인천수도국산달동네박물관을 비롯해 1960~1970년대 도시 서민들의 삶의 방식을 옮겨 온 전시 공간이나 기획 전시들이 늘어나고, 오래된 골목길이나 쇠락한 원도심 기행이 도시 여행의 큰 흐름이 되었다. 경남 통영시 동피랑마을, 부산 감천동 문화마을 등 아예 관광지화한 달동네들도 생겨난다. 왜일까. '추억 팔이'나 가난마저 상품으로 만드는 자본주의의 약삭빠름으로만 읽어 내고 말기에는 좀 허전하다.

도시에서 자란 중장년층은 어떤 식으로든 달동네에 관한 기억이나 경험을 가지고 있을 터이다. 송림동에서 불과 2년 남짓 살았지만, 그곳은 우리 가족이 인천이라는 도시에 정착하게 된 첫 기착지였고, 엄

마가 두고두고 이야기하던 한 시절의 삶터였으며, 언니들에게는 친구들과 뛰놀던 우리 동네였다. 이와 같은 공유의 기억을 통해 달동네는 특정 계층의 거주 형태라기보다는 지난 시절, 모두가 고단했던 과거의 역사이자 문화로 새롭게 해석되고 있다. 특히, 달동네를 지워 버려야 할 도시의 흉터 정도로 대해 온 대규모 재개발의 신화가 깨져 나가면서, 남루하지만 지난 시절의 기억을 품고 있는 그곳은 숨 가쁘게 달려가는 도시의 시간을 잠시나마 붙들어 세우고 숨통을 틔울 수 있는 공간으로 받아들여지기에 이르렀다.

이 책은 달동네에 대한 체계적인 분석서가 아니다. 인천 달동네 주변으로 흩어진 기억의 조각들을 주워 모으려 했고, 오래된 골목 산책의 어눌한 안내자가 되고 싶었다. 두 계절 동안 수도국산 언덕과 시장들, 만석동 아카사키촌과 부둣가, 화수동의 아담한 골목들과 일제강점기 공장 기숙사 주변을 어슬렁거렸다. 19년을 살았던 때보다 더 다채로운 인천의 얼굴을 본 것 같다. 인천골목문화지킴이 이성진 선생의 안내가 없었더라면 제대로 볼 수 없었을 것이고, 게으른 산책자의 느린 걸음은 마무리되지 못했을 터이다.

2015년 5월 김은형

2부 살아 있는 과거를 만나다

3부 달동네 사람들

1부

그때 우리는

'달동네'라는 말은

그곳에 사는 사람들을 지칭하는 빈민촌이나

그 동네의 보편적인 주거 형태를 일컫는 판자촌과

어감이 사뭇 다르다.

'달동네'라는 말에는,

계급적·동시대적 의미보다는,

달이 가까운 산동네에

수많은 사람들이 다닥다닥 붙어살던

지난 시절에 대한 함의가

더 많이 담겨 있기 때문이다.

달동네의
탄생

고단하나 따뜻한

1980년, 저녁 먹고 난 가족들을 옹기종기 텔레비전 앞으로 모여 앉게 만든 인기 드라마가 있었다. 지금 표현으로 하자면 '국민 귀요미' 똑순이(김민희)를 탄생시킨 일일 드라마 〈달동네〉였다. 똑순이의 엄마로 나왔던 서승현 씨가 고개를 좌우로 돌리며 다리미질을 하던 우스꽝스러운 장면이 지금도 기억나는 걸 보면, 아홉 살 어린이였던 나도 이 '홈드라마'를 열심히 보았던 것 같다.

인천 동구에 자리 잡은 수도국산달동네박물관(수도국산박물관)에 바스라질 듯 누렇게 바랜 대본이 고이 전시된 이 드라마는 부정적 이미지 일색이었던 도시 변두리의 가난한 동네를 따뜻하고 정감 있게 그려 냈다는 호평을 받았다. '달동네'라는 말도 판자촌, 빈민촌, 하꼬방 등

의 단어를 밀어내고 궁핍한 서민 동네를 지칭하는 대명사가 되었다.

　수도국산박물관의 안내 책자를 보면, '달동네'는 높은 산자락에 있어 달이 잘 보인다는 뜻을 가진 '달나라 천막촌'에서 비롯하였다. 1950년 대 말~1960년대 중반에 도심에서 쫓겨난 판자촌 주민들이 정부가 정한 지역에서 임시 천막을 치고 살면서 방에 누우면 밤하늘의 달과 별이 보인다고 해서 생겨난 말이라고 한다. 꽤나 낭만적인 작명 배경이다. 다른 설도 있다. 돈 없는 사람들이 가난한 동네에 와서 집을 사거나 전세도 얻을 형편이 안 돼서 매달 '달세'를 내고 살았기 때문에 달동네라는 이름이 붙었다는 것이다. 어느 쪽이 맞든, 쫓겨나고 밀려난 사람들이 모이면서 형성된 궁핍한 동네라는 점은 마찬가지다.

　달 가까운 동네라는 이름 풀이가 말해 주듯 달동네의 가장 큰 특징

은 높은 산자락이라는 위치일 터이다. 인천 수도국산뿐 아니라 영화
〈1번가의 기적〉으로 알려진 부산의 물만골이나 감천동, 서울의 봉천
동이나 아현동, 난곡 같은 대표적 달동네들은 전통적으로 도심 변두리
산비탈에 자리 잡아 왔다. 그래서 달동네 대신 '산동네'라는 말도 썼
다. 산동네는 우리가 어릴 때 사회 시간에 배웠던 산촌과 다르다. 산촌
이 농촌이나 어촌처럼 주변 환경으로 인해 자연 발생적으로 형성된 촌
락인 반면에, 산동네는 밖에서 들어온 사람들에 의해 급하게 만들어진
동네라는 점에서 그렇다. 반대로, 인천 만석동이나 옛날의 서울 망원
동처럼 물가에 있거나 지대가 낮아 비만 오면 물난리가 나는 동네도
있었다. 높든 낮든, 튼튼한 기둥을 세우고 지붕을 올려 집을 지을 여력
이 없던 사람들은 평지의 혜택을 누리지 못하고 산비탈로, 하천에 가

까운 낮은 지대로 올라가거나 내려올 수밖에 없었다. 평지에 상수도와 하수도 같은 근대적 생활 편의 시설들이 들어올 때 이 지역들은 늦게까지 그 혜택을 보기 힘들었다. 그래서 도심의 집집마다 수도와 화장실이 들어왔을 때에도 달동네 사람들은 오랫동안 공동 화장실과 공동 수도를 사용해야 했다. 또, 두서없이 세우고 덧붙인 집들로 인해 꼬불꼬불 한참을 이어진 골목을 걸어 나와야 큰길에서 대중교통을 이용할 수 있었다. 비위생적이고 불편한 생활환경은 달동네에 가난한 이들의 고단한 동네라는 이미지를 부여했다.

엄밀하게 말하면 달동네는 도시 빈민층의 주거 밀집 지역이지만, '달동네'라는 말은 그곳에 사는 사람들을 지칭하는 빈민촌이나 그 동네의 보편적인 주거 형태를 일컫는 판자촌과 어감이 사뭇 다르다. 분명 도시 빈민의 거처임에도 '빈민'이라는 냉정한 단어보다는 '서민'이라는 좀 더 포괄적이고 느슨한 말이 어울려 보인다. '달동네'라는 말에는, 계급적·동시대적 의미보다는, 달이 가까운 산동네에 수많은 사람들이 다닥다닥 붙어살던 지난 시절에 대한 함의가 더 많이 담겨 있기 때문이다. 옆집도 앞집도, 지극히 일부의 부촌을 제외하고는 옆 동네도 앞 동네도 고만고만하게 빠듯한 삶을 살았기 때문에 가난이 특별히 절망적이거나 부끄럽지 않던 시절이었다. 인천의 대표적 달동네인 동구 수도국산 동네가 1980년대까지 인천에서 가장 사람도 많고 시장도 가장 북적이던 동네였다는 사실은, 단순한 의미의 빈민촌과는 조금 다른 달동네의 어감을 전달한다.

토막촌, 판자촌, 달동네

1960~1970년대에 번창한 달동네 이전에 도시 빈민촌을 가리키던 일반적 단어는 판자촌이었고, 판자촌의 과거는 일제 강점기의 토막촌까지 거슬러 올라간다. '토막(土幕)'은 지금의 중장년에게도 주거 형태보다는 유치진의 희곡 제목으로 더 익숙한 이름이다. 당시 일제의 수탈로 농토를 잃거나 수확한 쌀을 거의 다 빼앗겨 굶어 죽을 지경이 된 농민들은 날품팔이라도 하기 위해 도시로 몰려들었다. 운이 좋으면 남의 집에서 머슴처럼 일하며 더부살이하는 '행랑살이'라도 할 수 있었지만, 그렇지 못한 상당수는 도시 외곽으로 나가 토막을 짓고 살았다. 토막은 흙으로 벽을 세우고 가마니로 지붕을 덮은 간이 주택이다. 말이 주택이지, 그냥 거적때기로 덮어 놓은 움막이었다. 도시에서 방 한 칸 구할 돈은 없지만 지게꾼이나 행상이라도 해서 하루 벌어 하루 살아야 했던 토막민들은 어떻게든 도심 가까이 붙어 있어야 했다.

한국 근현대 주거 변천사를 통해 주거 환경의 사회적 의미를 분석한 『한국 주거의 사회사』(전남일 외, 돌베개, 2008)를 보면, 을지로나 충무로 남산 일대의 일본인 부촌을 조금만 벗어나면 나타나는 유곽이나 화장장 근처, 강바닥이나 다리 밑 같은 곳에 토막촌이 주로 생겨났다고 한다.

한국전쟁은 서울 인천 부산 등 주요 도시에 판자촌이 자리 잡게 된 가장 큰 계기였다. 배를 타고 내려온 이북 피난민들은 곧 전쟁이 끝나면 고향으로 돌아갈 수 있다는 기대로 부두 근처에 두꺼운 종이에 기름을 입혀 물이 새지 않도록 만든 루핑이나 나무판자 조각, 또는 양철판으로 얼키설키 지붕을 올린 판잣집을 지었다. 남한 사람들은 더 안전한 곳을 찾아 이불 짐을 메고 아이 손을 꼭 잡은 채 기차를 타거나 걸어서 부산으로 향했으며, 폭격으로 거처를 잃은 이재민들은 전쟁 직후 솥단지 하나를 들고 서울로 올라왔다. 역사 이래 최대 규모의 민족 대이동이었다. 이 과정에서 인천에서는 만석동, 수도국산의 인구가 과밀해지고 부산의 연산동 물만골, 범일동 안창마을, 감천동 태극마을 등에 가마니와 거적때기로 문을 단 움집이 순식간에 지어졌으며, 서울 인왕산과 안산 기슭, 낙산과 답십리 일대, 박완서 작가의 자전적 소설에 배경이 되었던 서대문구 현저동 등이 갈 곳 없는 사람들로 북적이기 시작했다. 휴전 직후 판잣집들은 용두산 산비탈을 중심으로 부산에만 4만여 채가 지어졌다고 한다.

1962년 제1차 경제개발 5개년 계획으로 시작된 산업화 바람은 '이촌향도' 현상을 낳았다. 보릿고개를 겪던 시골 사람들이 돈을 벌기 위해, 자식을 교육시키려고 도시로 향했다. 대여섯 식구가 함께 잘 단칸 월세방을 찾기 위해 이들은 다시 달동네로 향했다. 방을 안 내줄까 봐 아이들 숫자까지 속여서 입주한 단칸 셋방에 나중에는 상급 학교를 준비하는 삼촌과 일자리를 찾으려는 이모까지 합류했다. 겨우 한 사람 빠져나갈 정도의 좁은 골목을 사이에 두고 손바닥만 한 방 하나, 부엌 하나짜리 집들이 들어찼으며, 그 집들 안에서는 또 반듯이 누워 자기도 힘들 정도로 많은 식구가 서로 바싹 붙어 잠을 잤다. 늘어나는 사람들로 1980년대까지 달동네는 터져 나갈 듯 팽창했다.

　달동네는 또 다른 달동네를 탄생시키는 방식으로 늘어났다. 정부가
도시를 정비하면서 달동네 판잣집을 철거했고, 주민들은 다른 지역으
로 강제 이주하거나 쥐꼬리만 한 보상금으로 더 낙후된 지역에 판잣집
을 지었다. 1955년부터 1964년까지 도시환경 재건 및 미관의 회복이
라는 명목으로 강제 철거를 단행했고, 공공주택을 건설해 철거민을 도
심 외곽으로 이주시켰다. 쫓겨난 주민들은 도심 외곽에 달동네를 만들

1990년대 서울 봉천동 달동네(사진:연합뉴스, 1993년)

었다. 이때 서울 충무로 남산 일대의 판잣집들이 헐리면서 사당동에 달동네가 생겼고, 한남동과 서빙고동이 재개발되면서 신림동에 달동네가 생겼다. 또, 무악재 판자촌에 살던 사람들은 봉천동으로 옮겨 가 새로운 달동네를 만들었다. 이렇게 주변으로, 주변으로 밀려난 가난한 이들로 인해 1980년대까지 서울에만 220여 군데가 넘는 빈민촌이 생겨났고, 서울 인구의 3분의 1이 그곳에 살았다고 한다.(『한국 주거의 사회사』, 돌베개, 2008) 이 숫자만 보더라도 당시 달동네가 예외적이고 게토(ghetto)화한 지역이라기보다는 서민들의 보편적인 거처였음을 알 수 있다.

오래된 장소의 새로운 이야기

그러니, 비록 '가난'이라는 경제적 조건이 달동네를 낳았다지만, 그 시절의 기억과 풍경이 '추억'으로 다시 호명되는 것도 이상한 일은 아니다. 인천의 수도국산박물관을 비롯한 여러 생활사 박물관, 서울역사박물관의 〈메이드 인 창신동〉〈가리봉 오거리〉 전시 등 최근 몇 년 새 1960~1970년대 가난했던 시절의 삶을 되돌아보는 생활사 전시 시설이나 행사가 많아졌다. 또 각종 여행 기사, 여행서 들이 도시 여행의 일환으로 달동네들을 사람 냄새 나는 길, 오래된 골목으로 앞다투어 소개하고 있다.

『부산의 달동네』『부산은 넓다』 등 부산 지역 달동네를 도시민속학적 관점에서 연구해 온 유승훈 부산박물관 학예연구사는 "달동네에 대한 추억은 '개인적 기억'만이 아닌 집단적으로 경험했던 '문화적 공유' 속에서 표출된 것"이라고 설명한다. 비슷한 모습으로 다닥다닥 붙어 있던 집들, 비좁은 골목과 가파른 계단, 물지게를 지고 줄 서던 공동 수도와 공동 화장실처럼 한동네에 사는 사람들이 함께 경험했던 일상들이 집단적 문화로서 우리의 머릿속에 추억이라는 이름으로 자리 잡게 되었다는 것이다.

집단적 기억이 되어 버린 달동네의 생활문화는 도시 문화 가운데 주요한 영역이 되었고, 도시민속학에서도 다루어야 할 중요한 대상이 되었다. 달동네는 감추고 싶은 부끄러운 삶의 흔적도 아니며, 하루 빨리 개발의 메스를 가해야 하는 도시화의 상처도 아니다. 시각을 달리하면 달동네는 타지에서 온 이주민들의 '도시 정착의 흔적'이자 도시가 만들어 낸 '기층민의 생활문화 터전'으로 바라볼 수 있다.(유승훈, 〈도시민속학에서 바라본 달동네의 특징과 의의〉, 《민속학 연구》 제25호)

모두가 가난하던 시절이었다. 물론 그때에도 백화점에서 쇼핑을 하고 고급 식당에 다니던 특권층이 있었지만, 지금과는 달리 그야말로 극소수 별나라 사람들에 가까웠다. 주변을 돌아보면 덜 가난하고 더 가난한 차이가 있었을 뿐이다. 다들 하루 밥벌이를 위해 공장으로 시장으로 나갔고, 아이들은 일하러 나간 엄마 대신 막내 동생을 업고 밥도 하고 고무줄놀이도 했다. 가진 게 없었기 때문에 공동 화장실에서

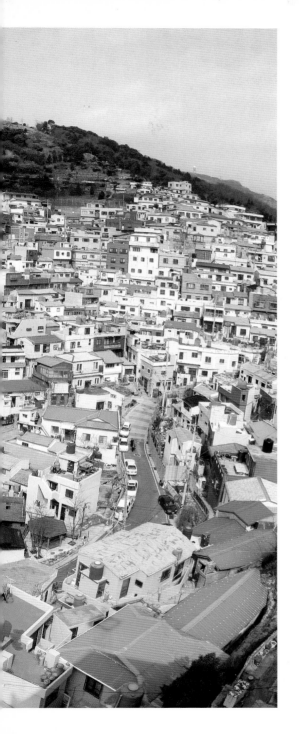

함께 줄을 서고 냄비단지, 밥그릇까지 빌려 쓰면서 가까워졌고 이를 통해 달동네만의 공동체 문화가 만들어졌다.

지금 달동네를 추억한다는 것은 고생한 시간들을 반추할 만한 여유가 생겼다는 의미일 수도 있고, 너무나 빠르게 변하는 도시의 속도에 지친 피로감에 대한 반작용일 수도 있다. 어쩌면, 가난의 외피를 두르고 있었지만 각박하지는 않았던 세상에 대한 그리움일지도 모르겠다. 무엇이 되었든, 부수고 없애야 한다고만 여겨지던 낡고 허름한 동네를 그 자체로 응시하려는 움직임이 일고 있다. 오래된 장소의 새로운 이야기가 시작되려는 참이다.

지금은 도시 여행의 명소가 된
부산 감천동 문화마을(사진: 박미향)

인천 달동네
소사(小史)

살던 땅에서 쫓겨나다

　　인천 달동네의 역사는 대한민국 달동네 계보학에서
도 중요한 자리를 차지하지 않을까 싶다. 개항과 한국전쟁, 산업화 등
빈민 주거 밀집 지역 형성기마다 주요 거점 노릇을 했던 까닭에 인천
은 늘 넘쳐 나는 사람들로 하루가 다르게 변하는 마을 풍경을 만들어
냈기 때문이다.

　인천 지역 언론인이었던 고일 선생(1903~1975)이 1955년에 펴낸
회고록 『인천석금』을 보면, 1900년대 초까지만 해도 인천은 호수
1,500호 내외에 지나지 않는 작은 바닷가 마을에 불과했다. 그런데
"갑진년(1904년) 왜병이 전환국—현 전동—자리 근처에 주둔하였는
데 이곳 주민을 강제로 철거시켜서 그들은 송현동 산언덕으로 내쫓겨

거기서 새로운 주거를 정했"다는 것이다. 일본인뿐 아니라 중국인, 미국인, 영국인 등이 인천에 자신들의 치외법권 영토인 조계지를 만들면서 지금의 중구 쪽에 살던 원주민들은 계속해서 밀려났다. 이들은 송림산의 소나무를 베어다 기둥을 세우고 흙으로 벽을 대충 바른 뒤 얼기설기 지붕을 얹은 토막을 지었다. 쫓겨난 뒤에도 괄시는 계속되었다. 1925년 5월 6일 자《동아일보》를 보면 1920년대에 일본인들이 갯골 근처 갈대밭 매립을 위해 수도국산의 흙을 마구 파내 당시 수도국산에 살던 200가구 중 상당수가 흙에 파묻히거나 대문, 토담 등이 허물어지는 등 붕괴 위험에 처하기도 했다.

『격동 한 세기 인천 이야기』(경인일보사 특별취재팀, 다인아트, 2001)를 보면, 일제는 1930년대까지 인천을 전국 최대의 미곡 집산지로 변모시켰다. 각 지역에서 수탈한 쌀을 배로 인천까지 싣고 와 정미 작업을 한 후 일본으로 가져갔다. 지금 삼화제분과 동아원 공장이 있는 만석동 주변에는 한창때 정미소가 30여 개까지 늘어났다. 사람들은 정미소와 부두에서 막노동을 하고 밤이 되면 만석동과 화수동 아카사키촌의 '하꼬방'으로 퇴근했다. 하루 열 시간 넘게 일하면서도 최소한의 생계조차 해결하기 힘들었던 탓에 정미소와 부두 노동자들은 집단 파업을 벌이기도 했다. 또 1930년대 중반 이후의 병참기지화 정책으로 만석동과 화수동, 송현동 일대에 조선기계제작소, 지포전기 등 군수품과 무기 공장이 들어섰다. 공장 옆에는 노동자들의 기숙사 적산가옥이 지어졌다. 지금도 남아 있는 당시의 주거 형태들을 보면 널찍한 이층 일본인 간부 사택과 겨우 손바닥만 한 방 한 칸이 전부였던 조선인 노동자 기숙사가 지금 봐도 서러울 만큼 대조적이다.

고향을 잃고, 고향을 버리고

수도국산 달동네나 만석동 아카사키촌에서 만나는 나이 지긋한 어르신들께 고향을 여쭈어 보면 열에 일고여덟은 황해도나 평안도 출신이다. '안송림'이라고 부르는 현대극장 안쪽, 비교적 번듯한 집들이 있던 동네에는 평안도 사람들이 모였고, 달동네에 더 가까운 '바깥송림', 즉 송림4·6동 쪽에는 황해도 사람들이 많았다고 한다. 워낙 많은 피난민들이 모이다 보니 같은 이북 출신이라도 지역에 따라 갈리기도 했다. 그래도 왜 여기에 정착하셨느냐고 여쭈면 출신 지역을 막론하고 대답이 한결같다. "그때는 금방 돌아갈 줄 알았지." 한국전쟁은 무허가 불량 주택 지역, 즉 판자촌을 대량 양산시킨 역사적 사건이었다. 인천은 이북에서 내려온 피난민으로, 부산은 서울에서 내려온 피난민으로 들끓었다. 언젠가 다시 돌아갈 집을 두고 잠시의 거처를 마련하는 데 공을 들일 사람은 별로 없었다. 그렇게 할 여유도 없었다. 당장 들어갈 집을 구할 수도, 지을 수도 없었던 이들은 남의 집 처마 밑에서 피난 생활을 시작하기도 했다.

이북에서 내려와 인천에 머물던 피난민들은 고향으로 돌아가는 배를 빨리 타기 위해 부둣가 근처에 남아 있어야만 했다. 그곳이 만석동이었고 수도국산이었다. 황해도 초도에서 백일 갓 지난 큰아이를 들쳐 업고 피난 온 석온선 할머니(1931년생)도 손에 잡힐 것처럼 가까운 고향을 지척에 두고 이곳에서 아이 넷을 더 낳고 살다가 칠순 넘은 남편을 저세상까지 보내게 될 줄은 까맣게 몰랐다고 한다.

1960년대 초에 시작되어 20년 가까이 이어진 경제개발 5개년 계획은 인천의 달동네를 폭발 수준으로 팽창시킨 결정적 요인이 되었다. 이때 인천에는 중구와 동구뿐 아니라 북구 부평(제4공단)과 남구 주안(제6공단)까지 여섯 개의 대형 공업단지가 지어져 명실상부한 공업 도시가 되었다. 전라도와 충청도에서 사람들이 일자리를 찾아 인천으로 몰려왔다. 1960~1970년대까지만 해도 충청도나 전라도에서 인천까지 뱃길이 육지 길보다 활성화되어 있었기 때문에 사람들은 배를 타고 인천에 도착했다. 누군가는 맨손으로, 누군가는 솥 하나, 이불 한 채에 줄줄이 딸린 식구들을 데리고 공장에 취직하기 위해 주안으로 부평으로 흩어지는 가운데 바닷가 근처 중공업 회사나 목재소에 일자리를 구한 이들은 수도국산으로 들어와 좁은 집을 쪼개 만든 더 좁은 단칸방에 피곤한 몸을 뉘었다.

이렇게 차곡차곡 들어차면서 마침내 5만 5천여 평 규모의 산비탈에 3천여 가구가 모둠살이를 하게 되었다. 그 결과 수도국산은 인천의 전형적인 달동네가 되었다.(《수도국산달동네박물관》 상설 전시 도록 중에서)

달동네 사람들은 아침이면 지저분한 공동 화장실에 줄을 서고, 저녁이면 물을 사기 위해 공동 수도 앞에 줄을 섰으며, 관도 서서 나와야 하고 쓰레기차도 못 올라오는 좁은 골목에서 "딸랑딸랑" 소리가 들리

수도국산에서 바라본 송림6동 전경(사진: 박미향)

면 하얀 연탄재를 머리에 이고 골목길을 냅다 달려 내려와야 하는 고단한 일상을 살았다.

궁핍이 남다른 고통이기보다 평범한 일상이었던 이 시기는 역설적으로 동구 최고의 번성기이기도 했다. 수도국산을 감싸고 배다리시장을 시작으로 중앙시장, 현대시장, 송현시장, 송림시장 등 대형 시장이 들어섰다. 동네뿐 아니라 김포, 강화, 수원 등에서 온 손님들까지 끌어들이던 '전국구' 시장들은 늘 만원이었고, 지방에서 몰려드는 사람들 덕에 중앙시장에서 배다리까지 이어지는 골목에 여인숙도 다닥다닥 생겨났다. 수도국산 아래편에는 1930년대에 지어져 1989년까지 이용되었다는 전통 가옥 형태의 대형 여관이 아직도 남아 있다. 십여 개의 방마다 붉은 벽돌 굴뚝이 올라와 있는 이 건물에서 고단한 몸을 누인 사람들이 수십만 명에 이를 터이다. 또 근처 화평동 화덕고개와 동구청 아랫녘에서는 지친 노동자들의 시름을 달래 주는 대폿집들이 성업이었다. 인천 동구에서 나고 자란 박철원 인천동구문화예술인총연합회 회장은 월급날만 되면 술집 앞에 코 훌쩍거리는 아이들이 바글대던 풍경을 기억한다.

"월급날 외상값 갚는다는 핑계로 아빠들이 술집에 가면 엄마들이 아빠 모셔오라고 애들을 술집으로 보냈다. 그 앞에서 딱지치기하고 구슬치기하며 아빠가 술자리에서 일어나기를 하염없이 기다리는 아이들로 골목길이 붐볐던 거다."

악착같이 돈을 모아서 이 동네를 떠나는 사람도 있었고, 같은 송림·송현동이라도 좀 더 살기 편하고 집도 번듯한 아랫동네로 내려오는 이도 많았다. 그렇게 남은 산꼭대기는 늘 갓 이주한 사람들, 또는 가장 가난한 사람들의 거처였다. 송림6동과 수도국산박물관이 있는 송현동 꼭대기 골목은 도둑이 그쪽으로 들어가면 절대로 잡을 수 없다고 소문 날 정도로 꼬불꼬불 복잡하기가 이루 말할 수 없다. 마치 자투리 헝겊으로 조각보를 떠 가듯 산에서 뽑은 배배 꼬인 나무줄기와 공장, 목재소 등에서 흘러나오는 자투리 자재로 얼키설키 지은 집들이 촘촘히 이어졌다.

산꼭대기에서 땅 밑으로

그랬던 동네가 처음으로 크게 바뀐 건 1980년대 초 전두환 정권 때였다고 한다. 인천 골목길의 역사와 문화를 소개하는 『골목, 살아[사라]지다』(유동현, 인천광역시, 2013)가 소개하는 그 사정은 이렇다. 전두환 전 대통령이 취임 후 산업 시찰을 하러 지금의 현대제철인 인천제철에 가고 있었다. 그는 수도국산 옆 돌산 밑 길로 가다가 눈에 들어온 산동네의 지독하게 남루하고 초라한 풍경에 깜짝 놀랐다고 한다. 그곳은 외국 귀빈들의 산업 시찰 루트이기도 했으니 신경이 더욱 쓰였을 터이다. 당장에 철거 지시가 떨어졌다.

1982년 불량 주택 531채를 철거하고 그 자리에 5층짜리 아파트를 짓기 시작했다. 그곳이 수도국산 바로 건너편에 있는 지금의 송현아파

수도국산 재개발 당시 철거를 앞둔 주택 벽에 적힌 철거 반대 구호(사진 제공: 수도국산달동네박물관)

트다. 그 후 달동네에도 재개발 바람이 불면서 아파트 단지가 속속 들어서기 시작했다. 그 변화의 정점에서 수도국산을 반으로 쪼갠 솔빛마을 대단지가 들어섰다. 1,800여 세대의 가구를 철거해 총 26층 27개동 2,711세대가 2003년 입주했는데, 입주민 중에 원주민은 10퍼센트도 되지 않는다고 한다. 새삼스러운 일이 아니다. 거의 전국 모든 지역의 재개발 아파트 사정과 별로 다르지 않다. 앞 장에서도 썼듯이 '불량노후주거지역 정비'라는 명목으로 오래된 달동네들은 철거되어 왔고, 쫓겨난 달동네 사람들은 새로운 달동네를 만들어 왔다.

수도국산에 살던 이들은 모두 어디로 흩어졌을까? 1960~1970년대

송현동 쪽 달동네를 철거하고 세운 재건축 아파트 솔빛마을과 그 아래로 남아 있는 오래된 주택들

에는 산동네가 빈민촌의 전형이었다면, 1980년대 이후에는 다세대주택과 다가구주택 건축 붐이 일면서 반지하방이 질 낮은 주거 형태의 표본이 되었다. 인천에서도 주안과 부평 등의 공단 근처에 다가구주택이 늘어났다. 아파트를 짓는다고 뭉텅이, 뭉텅이로 동네가 철거될 때마다 그곳에 살던 주민의 상당수는 달과 가장 가깝다는 산꼭대기에서 달빛도 깃들기 힘든 반지하방으로 수직 낙하식 공간 이동을 했을 터이다. 그리고 달동네가 품고 있던 공동체성이나 정, 희미한 낭만 같은 것도 반지하방 시대와 함께 땅 밑으로 자취를 감추기 시작했다. 📝

이광환 일기와
모던 보이의
나날

월부로 사고 계로 모으고

처의 고급 반절 우산과 양산을 한꺼번에 월부로 들
여놓으니 "외상이면 소도 잡아먹는다"는 옛 속담이 생각난다. 앞으
로 2,800원을 몇 달로 나누어 대금을 지불하기로 하였는데, 월급쟁
이로서는 월부 아니면 현금을 가지고 상점에 나가서 마음에 드는 물
건을 살 수 없기 때문이다. 왜냐하면 쥐꼬리 같은 월급 때문이겠
지?(이광환, 1966년 4월 13일 일기 중에서)

2007년 수도국산박물관에서 열렸던 특별 기획 전시 〈이광환 일기
(1945~1970)〉에 공개된 내용 중 일부다. 백화점이나 마트 매대에서 만
원, 이만 원이면 살 수 있는 우산, 양산을 할부(월부)로 사던 시절이 있

었다니, 지금 30~40대들에겐 호랑이가 담배 피운다는 전설보다 믿기
힘든 이야기다.

　이광환은 1926년 송현동 38번지에 태어나 2000년 송현동 56번지
에서 별세한 인물이다. 수도국산 달동네에서 전 생애를 보낸 토박이
인 셈이다. 경성전기(한국전력의 전신)와 한국전력 변전소에서 30년 넘
게 일하며 5남매를 낳고 퇴직 후 구멍가게를 운영했던 그는 평생 꼼
꼼하게 일기를 썼다. 큰아이가 중학교 입학시험을 볼 때의 수험 번호
는 물론, 고사장과 시험 시간, 과목별 문항 수까지 기록했다. 이 기록
들은 생활사라는 관점에서 어떤 사료보다도 뛰어난 가치를 지닌다.
역사책의 행간에 존재해 온 보통 사람들, 서민들이 어떤 문제로 소소

2007년 수도국산박물관에서
열렸던 기획 전시
〈이광환 일기(1945~1970)〉 도록

한 근심을 했고, 어떤 것들로 작은 기쁨을 누리며 삶이라는 조각보를 촘촘하게 이어 붙였는지 소설이나 영화를 보듯 생생하게 보여 주기 때문이다.

앞의 인용문을 보면 당시는 양산까지도 월부, 지금의 할부 개념으로 사는 소비문화였음을 알 수 있다. 1969년 일기에는 스테인리스 밥그릇 10개를 월부로 샀다는 이야기도 나온다. 우산·양산 가격 2,800원은 얼마나 비싼 걸까? 1967년 일기에 나오는 갈비탕이 90원, 짬뽕이 50원, 다방 커피가 30원, 스킨로션이 200원이었던 걸 감안하면 얼추 100배 정도 가격이 오른 것으로 볼 수 있다. 그럼 지금 돈으로 28만 원. 그러니까 잘 만든 우산, 양산은 사치품이었던 셈이다. 비 오는 날 우산을 든 신사와 한복을 곱게 차려입고 양산을 든 부인들이 얼마나 뿌듯한 자부심을 느꼈을지 저절로 머릿속에서 영상이 펼쳐진다.

소비문화의 특징이 '월부'였다면 저축은 대부분 '계'로 이루어졌다. "처는 단골 양은그릇 장사의 성화로 양은그릇 계를 묶었다. 방에 세든 사람과 이웃 친한 몇 집을 상대로 계원을 묶어 우선 대형 양은그릇을 계원에게 분배하고 그들로부터 매월 2백여 원씩 거두어 양은 장사에게 지불하는 것"인데 계주에게는 수고한 대가로 양은그릇 1개가 증정되었다니 계주인 아내의 몫이었으리라. 또 1964년 10월 일기에는 11명이 5천 원짜리 계를 조직해서 모두 13회를 납입하고 입찰한다는 내용을 적었다. 그는 곗돈을 타면 돈을 보태서 고급 오버코트를 사겠다고 다짐하고 있다.

다채로운 문화생활

우산이나 그릇을 월부로 사고 코트를 사기 위해 계까지 드는 게 지금의 풍요와 비교하자면 한없이 궁핍해 보이지만, 당시에 이 씨는 남들보다 특별히 어렵게 살지는 않았다. 평범한 전기회사 직원이라는 직업도 그렇거니와, 텔레비전 보급률이 채 5퍼센트도 안 되던 1960년대 중반에 이미 수상기가 있었으며, 무엇보다 여가 및 문화생활을 매우 활발하게 즐겼다.

토요일 반일 근무를 마치고 변 군과 같이 회사를 나와서 신포동 중국 포자집에서 증육포자를 먹은 후 동인천으로 나갔다. …… 동인천역에서 출발하는 하오 2시 15분 기차로 용산에 가서 내려 바로 한강으로 달려갔다. 한강은 그야말로 인산인해이다. …… 수영을 끝내자 한강에서 택시로 명동으로 가서 고려정에 들러 왜식부에서 화정식을 사서 저녁을 먹고 다시 명동에서 택시로 서울역에 갔는데 막차를 놓쳐 다시 택시로 종로로 가서 마지막 지프차식 합승택시로 귀환하였다.(1958년 7월 12일 일기)

아이들과도 송도유원지, 수봉산, 약사사, 문학약수터 등 당시 인천 사람들의 대표적 소풍 장소들을 함께 놀러 다녔다. 악극을 관람하고 서커스 등에도 아이들을 데리고 다녔다. 당시에는 악극단이나 연예인들로 팀을 꾸려 전국을 순회하면서 쇼를 공연하는 게 큰 문화 행사였

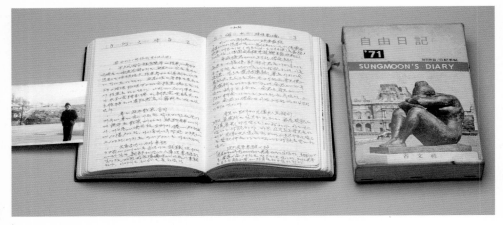

〈이광환 일기〉 전시장에 전시되었던 이광환 씨의 일기장들(사진 제공: 수도국산달동네박물관)

다. 동네 전봇대마다 유명 가수나 배우의 사진이 실린 공연 포스터가 붙었다. 대부분의 영화관은 지금의 멀티플렉스와 달리 스크린 앞에 넓은 무대를 만들어 추석이나 설 같은 명절에는 연예인들이 공연을 하는 공연장으로도 썼다. 1970년의 일기를 보면 이 씨는 그해에 쇼를 무려 다섯 번이나 관람하고 신중현과 펄시스터즈, 김부자, 김상국, 김세레나 등 당대의 인기 가수들의 무대를 본 것으로 기록되어 있다.

이 씨는 지금의 '영화 마니아'에 견줄 만큼 많은 영화를 보러 다니고 기록으로 남겼다. 1945년부터 1958년까지 총 300여 편이 넘는 영화의 목록이 등장한다. 단순히 본 날짜와 제목만 기록한 게 아니라 제작 국가나 제작사, 출연진, 영화관에 관한 기록까지 남겼다. 1958년 동방극장에서 〈세일즈맨의 죽음〉을 보고 "여지껏 영화 감상을 한 중에 제일 감격의 느낌을 주는 영화였다"며 "월급쟁이는 동서 간에 있어 미국인도 마찬가지이니 참으로 한심하였으며 영화의 한 장면 한 장면이 눈물을 나오게 하였으며 가슴을 뭉클하게 하였다"고 쓴 것을 보면 영화를 보는 안목도 꽤 높았던 듯하다. 수도국산박물관은 이 씨가 남긴 영화 기록을 바탕으로 2014년 〈인천의 영화광〉이라는 특별 전시도 기획했다.

재미난 것은 평범한 직장인이자 한 집안의 가장이던 그가 댄스장에 출입했던 기록이다. 그는 1958년 지금의 화평동에 있던 '하 마담 댄스 교습소'에서 계약금 4천 환을 내고 트로트를 첫 교습으로 무도에 입문했으며, 이후 탱고와 룸바, 블루스와 지르박으로 이어지는 고급반 과정까지 밟았다. "하루 속히 배워서 모조리 추고 싶다"는 열정도 강했다. 1964년 4월에는 송현동 '명성캬바레'에서 오랜만에 춤을 추었는데 입장료는 무료였지만 콜라 1병 값으로 100원을 냈다고 썼다. 죄책감이나 부끄러움 없이 기술했다는 것은 당시의 댄스장이나 카바레 출입이 지금과는 다르게 고급문화로 인기를 끌었음을 알려 준다. 이때의 댄스 열풍이나 골프 유행(이 씨는 골프도 쳤으며, 실내 베이비 골프장이 성업이라고 했다)에 대해 문학평론가 이현식은 "1950년대 과잉 미국화가 불러온 이례적인 현상"으로 해석했다. 그는 주부들의 춤바람과 그로 인한 가정불화를 그린 정비석의 『자유부인』(1954)이 선풍적 인기를 끌었다는 점에 주목하면서 "위스키를 마시고 양담배를 피우는 것이 상류층의 상징이었으며 영어를 할 줄 아는 것이 지식인의 표상"이었던 1950년대 한국 사회의 문화에서 "댄스와 골프 역시 미국을 닮아 가려는 당대의 문화 코드, 혹은 한국적 문화 콤플렉스의 반영"일 수 있다고 분석했다.

삶의 여유라는 것

그가 누렸던 문화생활을 보면 지금의 웬만한 중산층도 따라가지 못할 만큼 다채롭고 풍성하다. 그렇다고 그가 특별히 여유롭게 살았는가 하면 또 그건 아니다. 수도국산의 다른 이들과 똑같이 물난리로 고생을 했고, 해진 구두 바닥을 수선하면서 예상 못한 돈을 쓰는 것에 근심했다. 그런데 다섯 자녀를 두었던 한 집안의 건실한 가장이 어떻게 이처럼 '모던 보이'로 살아갈 수 있었을까.

이광환 일기는 '삶의 여유'라는 상투어에 대해서 새삼 환기시키는 힘이 있다. 지금보다 훨씬 더 궁핍하던 시절이었다. 수시로 단수가 되고 전기가 나갔으며, 똥지게꾼과 말다툼을 하고 냄비 하나 사는 것도 가족끼리 상의를 해야 할 만큼 물자가 부족했다. 그 와중에 이광환 씨는 참으로 열심히 돌아다녔다. 문화생활만 한 게 아니라 서울에서 열린 3·1절이나 8·15 해방 기념식을 찾아가기도 했으며 무역 박람회, 전국 미술 대전, 미스코리아 선발 대회까지 구경을 다녔다. 이 씨가 세상에 대한 관심

평생을 송현동 수도국산에서 산 이광환 씨가 남긴 일기는 근현대 생활사 측면에서 매우 중요한 사료적 가치를 지닌다.
생전의 이광환 씨 모습.(사진 제공: 수도국산달동네박물관)

이 많았던 사람임은 분명하지만, 당시의 행사 자료들을 보면 지금 같으면 강제 동원도 안 될 행사나 쇼 들이 모두 이 씨와 같은 사람들로 인산인해였다. 〈자유부인〉 같은 흥행 영화가 나왔을 때 극장 앞에는 수많은 인파가 꼬리에 꼬리를 물고 긴 줄을 섰다. 미디어라고는 신문 같은 활자 매체가 전부였던 시절에 사람들은 직접 찾아가고 보고 들으며 세상에 대한 호기심을 채워 갔다. 그래야 세상 돌아가는 소식을 알 수 있었으니까.

지금은 클릭, 클릭만 하면 지구촌의 시골 구석구석 정보까지 알 수 있는 시대이지만 대부분의 사람들은 좀처럼 움직이지 않는다. 경제적 여유의 문제만은 아니다. 먹고사는 데 필요한 게 아닌 것을 찾아볼 마음의 여유가 없다. 그러고는 부족한 휴식과 여유를 사는 데 돈을 쓰고, 그 돈을 벌기 위해 마음의 여유, 현재의 여유를 저당 잡히는 삶을 반복한다. 생전의 이광환 씨가 상상할 수 없을 만큼 세상은 발전하고 볼거리, 즐길 거리도 넘쳐 나게 되었지만 달동네 모던 보이 이 씨보다 지금의 도시인들이 더 행복할까. 쉽게 대답하기 힘든 질문이다.

재미있는 사족 하나. 대한민국의 평균적인 삶을 산 지극히 평범한 소시민이던 그도 한 번 신문에 이름이 난 적이 있다. 1967년 노동자의 날을 맞아 모범 근로자로 뽑혀 경기도지사와 인천시장 표창장을 동시에 수상하는 영광을 누렸다. 그 일이 신문에 보도되자 이 씨는 "신문에 이름이 나기는 처음"이라며 기쁜 마음을 일기에 남겼다. 🖊

서민들
최고의 오락거리,
영화

극장 도시 인천

　　고등학교 1학년이던 1987년의 어느 날 앞자리에 앉아 자율 학습을 하던 친구가 고개를 돌려 접선을 하는 간첩처럼 낮은 목소리로 말했다.

　"나, 어제 〈씨받이〉 봤다. 현대극장에서."

　"뭐! 〈씨받이〉?"

　내 목소리를 듣고 반 아이들은 우르르 친구의 주변으로 몰려들었다. 임권택 감독에게는 죄송한 일이지만 현대극장은 개봉관을 돌고 온 액션 영화 한 편에 에로 영화 한 편을 끼워 상영하는 동시 상영관이었으므로 호기심 많은 여고생에게 〈씨받이〉는 얼마나 야한 장면이 나오는지 궁금한 영화, 그 이상도 이하도 아니었다. 우리는 친구에게 야한 장

1894년 최초의 상설 연극 공연장 '협률사'로 출발해 1925년 지금의 이름으로 바뀐 애관극장. 인천의 다른 극장들이 모두 문을 닫거나 멀티플렉스로 바뀌었지만, 유일하게 처음의 자리를 지키며 개봉작들을 상영하고 있다.

면을 조금 더 조금 더 디테일하게 묘사할 것을 주문하며 자율 학습 시간 내내 영화 이야기에 빠져들었다.

겁 많은 학생이었던 나는 현대극장을 가 본 적은 없다. 동시 상영관에서는 옆자리 아저씨가 허벅지를 더듬는다는 흉흉한 소문도 이따금 들렸다. 다른 친구 오빠는 현대극장에 갈 때면 아는 사람이라도 만날까 봐 마스크를 쓰고 들어간다는 이야기도 했다. 물론 〈씨받이〉를 보고 온 친구도 '날라리'와는 거리가 멀었거니와, 현대극장이 있던 송림동은 그 친구가 살던 동네, 시쳇말로 그녀의 '나와바리'였으니 대단한 모험일 것도 없는 관람이었다.

수도국산 주변에는 극장이 많았다. 텔레비전도 없고 대중적인 볼거리나 놀 거리가 없다시피 하던 시절, 서민들의 가장 큰 오락거리는 영화였기 때문이다. 1950년 전후로 인천 최고의 번화가였던 싸리재 주변에 극장이 여럿 생기며 '경동 시네마 골목'이라는 별명도 생겼다고 한다. 경동에서 신포동으로 나가는 길에 서 있는 애관극장은 1894년에 세워진 한국 최초의 상설 연극 공연장 협률사로 출발해 1925년 지금의 이름으로 바뀌었다. 인천의 그 많던 극장들이 모두 문 닫거나 프랜차이즈 멀티플렉스에 넘어간 지금까지 유일하게 처음 그 자리에서 고고하게 자존심을 지키며 필름을 돌리고 있는 극장이도 하다.

1957년 애관, 동방, 시민관, 문화, 인영, 부평극장 등 5개였던 인천의 극장은 이듬해 장안, 인천, 미림, 산곡동 서부극장 등 9개로 늘어났다. 1958년 한 해 동안 인천에서 영화를 관람한 연 관객 수가 75만 5,848명에 달했다고 한다. 당시 전체 인구가 30만 명 정도였으니 1인당 2회 이상 영화관을 찾은 셈이다. 먹고사는 일조차 힘겹던 시절의 곤궁함을 감안하면 대단한 관람 열기였다. 앞의 이광환 씨 사례에서 보았듯이, 당시의 평범한 소시민들에게 영화는 소소한 즐거움이자 삶의 최고 활력소였음에 틀림없다.

돈 없는 학생들은 개구멍을 찾아서 극장에 들어가다 관리인에게 걸려 혼쭐이 나기도 했다. 인천문화재단 대표이사 김윤식 시인은 학생 시절 "왜 그렇게 영화가 보고 싶었는지, 몰래 극장 담벼락을 넘어 들어갔다가 극장 관계자에게 잡혀서 경찰서에 끌려간 적도 많았다"고 회고했다. 1980년대까지 동네 가게 앞에는 극장 상영작 포스터가 광고처럼 걸리곤 했는데 가게 주인은 그 대가로 공짜 표나 할인권을 얻었다. 이런 가게를 운영하는 집 아이는 친구들 사이에서 엄청난 권력자 행세를 할 수 있었다. 또한 극장은 중고등학생에게 출입 금지 구역이자 해방구인 이율배반적 장소였다. 웬만한 영화에는 청소년 관람 불가 딱지가 붙어 시찰 나온 교사들에게 학생들이 끌려 나오는 풍경이 다반사였지만, 기말시험이 끝나는 날에는 극장마다 단체 관람으로 객석이 터져 나갈 지경이었다. 나 역시 〈고래사냥〉이나 〈이티〉, 반공 영화 부류였던 〈킬링 필드〉〈백야〉 등 시험 끝난 날 단체 관람을 가서 자

리도 없이 발꿈치를 세우고 앞 학생의 땀 냄새를 맡아 가며 보던 영화들이 아직도 생생하다. 고등학교 때는 극장에 학생들 잡으러 간 선생님들이 〈첩혈쌍웅〉을 보면서 눈물 흘리는 모습을 아이들에게 들켰다는 소문이 학교 안에 돌았다.

대부분의 극장은 천막으로 지은 가설극장으로 출발했다. 향토사학자인 조우성 씨는 천막을 치고 무성영화를 틀던 미림극장 초창기를 회고하며 "평화극장(미림극장의 전신)에는 의자도 없었다. 소년 시절 필자는 맨땅에 간 가마니에 앉아 영화를 봤다. 얼마 후 널빤지로 만든 장의자에 죽 걸터앉게 되었고, 1970년대 초인가, 스프링이 튀어나와 금세

양키시장(송현자유시장) 2층에 자리 잡았던 오성극장.
나중에 애관극장 2관으로 바뀌었지만 그마저 문을 닫고 간판만 남았다. (사진: 박미향)

엉덩이가 아팠지만 극장용 개인 의자가 설치된 것만 기뻐했었다"고 기록하고 있다.(〈조우성의 미추홀 칼럼〉,《인천일보》2013년 8월 23일)

수도국산 주변에서 가장 먼저 번듯한 상설 극장으로 문을 연 곳은 문화극장이었다. 가설극장으로 영화를 틀다가 1955년 널찍한 광장을 가진 상설 개봉관으로 문을 열었다. 그다음으로 중앙시장 대로변에 미림극장이 들어섰고, 양키시장 2층에는 오성극장이, 현대시장 건너편에는 1960년 현대극장이 들어섰다. 만석동 쪽에도 천막 극장이 봇물을 이루다가 1950년대 후반에 대부분 철거되었다고 한다.

필름도 귀했던 단관 시절이라 특정 영화는 특정 극장에서만 상영했다. 그래서 〈자유부인〉〈돌아오지 않는 해병〉〈미워도 다시 한 번〉같은 흥행작의 개봉관에는 끝없는 줄이 이어졌다. 극장주의 취향에 따라 극장마다 특징이 생기기도 했다. 이를테면 문화극장은 외국 명작 영화들을 주로 상영했다고 한다. 또한 극장 간판을 잘 그리기로 유명했는데, 〈바람과 함께 사라지다〉의 간판은 포스터의 판박이 같다는 찬사를 받았다.

문화시설이 부족하던 시절, 극장들은 명절이면 공연장으로 변신하기도 했다. 〈이광환 일기〉에는 1년에도 여러 번 극장에서 전국 순회하는 악극단이나 인기 가수들의 공연을 본 것으로 되어 있다. 현대극장도 '땅딸이' 이기동이나 '비실이' 배삼룡 등 톱스타 희극배우들이 공연을 온 것으로 기록되어 있다. 이처럼 영화가 아닌 공연이 열리는 날이면 사람들은 평소에 만나기 힘든 가수나 연예인들을 보려고 극장으로 몰려들었다. "입추의 여지가 없다"는 말은 이런 날 극장의 풍경에

꼭 들어맞는 표현이었다. 인천 동구청에서 펴낸 『추억 속 동구 이야기―아, 옛날이여』에서는 (정상급이 아닌) "중급의 이상해, 이상한 두 코미디언만 와도 인산인해"였다면서, 특히 이상해 씨는 "무명 시절의 닉네임은 '허리케인'이라고 해서 쇼단의 일원일 뿐 그리 유명세는 못 탔지만 인천극장 쇼 프로에는 빠지지 않는 인물"이었다고 기록하고 있다.

추억의 사랑방, 미림극장

　　　　　멀티플렉스의 거센 바람은 인천의 극장들에도 예외 없이 몰려왔다. 서울의 대표적 극장인 단성사, 명보극장, 피카디리 등이 문을 닫거나 프랜차이즈 멀티플렉스에 열쇠를 내준 것처럼 인천 극장들도 1990년대 말부터 하나둘씩 문을 닫기 시작했다. 1998년 문 닫은 현대극장은 지금도 빛바랜 이름을 머리에 인 채 할인 마트로 바뀌었다. 그나마 미림극장은 2005년까지 버티다가 거의 마지막으로 퇴장했다.

　이후 비어 있던 미림극장은 2013년 10월 '추억극장 미림'으로 문패를 바꾸어 달고 다시 영사기를 돌리기 시작했다. 첫 상영작은 〈사운드 오브 뮤직〉이었다. 고용부와 인천시의 지원을 받는 사회적 기업으로, 다른 지역보다 압도적으로 높은 동구 지역 노인 비율을 감안한 일종의 실버 문화복지사업이다. 서울의 실버 영화관인 '허리우드'에 판권비를 주고 필름을 가져오는데, 주로 고전 명작을 선정해 일주일에 한 편씩

건물과 간판은 그대로지만 생활용품 매장으로 바뀐 현대극장

상영한다. 일반인 관람료는 7,000원이지만, 만 55세가 넘은 노인들에게는 2,000원만 받는다.

주로 남자 어르신이나 부부 관객이 많다. 인천 서구에서 거의 매주 이곳을 찾는 70대 추일수 씨 부부도 미림극장의 단골 고객이다. 인천 항만청에서 퇴직한 공무원 출신의 추 씨는 젊은 시절 애관극장, 문화극장, 인영극장 등을 찾아다니며 영화를 즐겼다고 한다. 옆에서 함께 상영 시간을 기다리던 부인은 "〈떠날 때는 말없이〉 〈미워도 다시 한번〉 같은 한국 영화 흥행작들을 다시 보는 기분이 새롭다"고 한다. 관람 분위기가 궁금해서 상영관에 들어가 보았다. 마침 토니 커티스와 시드니 포이티에가 주연한 1958년작 〈흑과 백〉이 상영 중이었다. 이따금 핸드폰 소리가 나면 전화를 받는데, 귀가 어두운 노인 관객들이라 그런지 큰 소리로 대화를 했다. 옆 사람과 영화에 대해 이야기를 나누는 이도 있었다. 그런 소음 때문에 말다툼도 일어난다니, 극장 직원들로서는 여간 신경 쓰일 일이 아닐 것 같았다.

283석 규모의 1, 2층 상영관에서 하루 4회 상영을 하는데 하루 100~150명 정도 관객이 든다. 대부분이 동네 어르신들이다. 하루 5,000명에 달했다는 한창때 관객 수에 비하면 초라한 성적이다. 윤성구 대표는 극장 활성화를 위해 식당이나 이발관 등 다양한 업체들과 연계해

2005년 문 닫았다가 고전 영화들을 재상영하는 실버 영화관으로 재개관한 미림극장(사진: 박미향)

이곳을 단순한 극장이 아니라 '추억의 사랑방' 같은 곳으로 정착시키려고 한다.

"수요일에 오면 영화 보고 2층 휴식 공간에서 이발도 할 수 있다거나, 목요일에 오면 영화 보고 국수도 먹을 수 있다거나 하는 식으로 어르신들이 찾아오시도록 다양한 마케팅 방안을 추진하고 있습니다. 달동네 골목길이나 송현시장 답사 코스와도 연결시켜 보려고 해요."

똥고개,
황금고개가 되다

치워도, 치워도

'분뇨 수거료, 영수증 받고 지불하시오.'

청소 사무소장은 분뇨 수거 수수료를 지불하면 반드시 영수증을 받아 달라고 일반 시민에 요청하였다. 소장은 분뇨 한 지게(한 목도) 당 60환씩인 수수료를 지불한 후 영수증을 주지 않은 경우에는 발부해 줄 것을 요구하여 꼭 받도록 할 것이며, 요구하였음에도 불구하고 영수증을 발부하지 않는 수거원이 있으면 수수료를 지불하지 말아 달라고 신신부탁하였다. 그리고 소장은 한 지게당 60환을 초과해서 수수료를 요구하는 일이 있을 경우에는 그 마차의 번호와 일자 및 장소를 적어서 청소 사무소에 연락하여 주면 엄중한 조처를 하겠다고 부언하였다. 한편 수거를 필요로 할 때는 관할 동사무소나 청소 사무소에 연락하여 주면 즉시 수거에 응하겠다고 말하였다.

1955년 7월 11일 자 《인천공보》에 실린 기사이다. 《인천공보》는 인천시에서 시민들에게 시 정책과 지역 소식을 전하기 위해 1953년부터 1961년까지 발행했던 주간신문이다. 분뇨 처리를 두고 주민들과 처리업자 간에 싸움이 빈번하게 일어나자 시에서 이를 해결하기 위해 직접 나선 것이다.

인천에는 똥이 많았다. 똥이 많아서 만석동에는 '똥마당'이 생기고 송림동에는 '똥고개'가 생겨났다. 갑작스럽게 인구가 과밀해지는데 그를 감당할 만한 하수도 시설은 전무하다면 똥구덩이나 똥마당이 생기는 것은 매우 당연한 결과였다. 밥은 굶어도 똥은 나오는 게 오묘한 자연의 섭리 아닌가. 한국전쟁 직후 피난민들이 모여 순식간에 다닥다닥 늘어선 달동네 '하꼬방'들에는 화장실이 없었고, 구덩이를 얕게 파서 공동변소랍시고 만든 허술한 화장실은 언제나 똥이 넘쳤다. 가끔씩 똥을 퍼내도 하수도 시설이 없었으므로 오물은 근처의 하천으로 고스란히 흘러갔다. 비가 오는 날이면 스멀스멀 올라오는 똥 냄새로 주민들은 머리가 아플 정도로 고생을 했다. 전쟁 직후 부산에서의 피난 생활을 그린 손창섭의 소설 「생활적(生活的)」(1953)에는 열악한 상황이 잘 묘사되어 있다.

…… 길 언저리에는 맨 똥이다. 거기뿐 아니라 이 부근 일대는 도대체가 똥오줌 천지였다. 공기마저 구린내에 쩔어 있는 것이었다.

이곳 판잣집들에는 변소가 없었다. 그러므로 여기 주민들은 대소변에 있어서 아주 개방적이었다. 남녀노소의 구별 없이 누구나 빈터를 찾아 나와 아무 데고 웅크리고 앉아 용변을 하는 것이다.

실은 똥마당, 똥고개라는 지저분한 별명이 인천의 달동네에만 붙은 것도 아니었다. 서울 흑석동 똥고개, 경북 상주 똥고개길 등, 전국 어디나 서민들이 비좁은 땅에서 북적거리며 살던 동네에는 똥과 관련된 별명이 붙었다. 달동네뿐인가. 알려져 있다시피 화려함의 상징과도 같은 베르사유 궁전의 웅장한 정원도 모두 똥 밭이었다고 하지 않나. 높은 굽의 하이힐도 귀족들이 발에 똥을 묻히지 않기 위해서 발명한 것이라니 똥 앞에 만인은 평등하다.

만석동 길가에 남아 있는
공동 화장실의 흔적

수도국산박물관에 재현해 놓은 공동변소. 실내의 빨간 조명이 인상적이다. (사진 제공: 수도국산달동네박물관)

북성포구 옆 만석고가교 근방이었던 똥마당은 배를 타고 들어온 피난민들이 이곳에 판자촌을 지으며 생겨났다. 몸을 누일 집조차 바닷바람을 피할 수 없을 정도로 허술하게 짓고 살았으니 공동 화장실의 위생적 관리 따위는 기대조차 하기 힘들었을 터이다. 또 사람들은 넘치거나 기다란 줄을 서야 하는 공동 화장실 대신 철로 변 구석구석을 화장실로 사용하기도 했다. 그렇게 여기저기 똥들이 굴러다니면서 '똥마당'이라는 별명이 붙은 것이다. 1954년 3월 24일 자《인천공보》에는 '시민 위생의 서광, 공동변소 15개소 설치'라는 제목의 기사도 실렸다. "참담한 전쟁 피해로 말미암아

도시 환경위생상 중요 시설인 공동변소의 파괴가 우심한 반면에 도시의 인구밀도는 날로 그 도를 가하여 거리에는 무질서한 용변으로 도처마다 불결한 상태를 나타나게 됨은 도시 미관상 방치할 수 없는 현실이기에 이에 대한 대책으로서" 시내 15개 중요 장소에 공동변소를 만든다는 소식이었다. 그중 세 곳이 만석동이었다. 만석동 판자촌에는 지금도 공동 화장실이 존재하지만, 똥마당은 이곳에 시영 아파트가 생기면서 사라졌다.

옆집 아저씨 방귀 뀌는 소리까지 들릴 정도로 바짝 붙어살던 달동네 이웃들은 가까운 만큼 다툼도 잦을 수밖에 없었다. 그중에서도 가장 흔했던 싸움이 '똥 싸움'이었다.

> 그간 똥차가 왔다 갔는데도 퍼 주지 않아 똥이 차서 오늘은 똥차를 보고 단단히 항의하고 청소조합까지 전화를 걸어 항의하며 결국은 시비 끝에 푸기는 하였지만 똥 때문에 싸우는 것은 참으로 유감이었다.(《이광환 일기》, 1967년 3월 22일)

앞의 일기로 유추하건대, 1960년대 후반이 되면서 달동네에서도 여유가 있던 집은 개인 화장실을 가지게 된 것 같다. 그런데 제대로 분뇨 처리가 안 되어서 계속 실랑이가 벌어졌던 것을 보면 《인천공보》에 기사가 났던 십여 년 전과 비교해 상황이 크게 나아진 것 같지 않다. 전쟁이 끝나고도 1960년대를 거쳐 1970년대까지 산업화가 이루어지면서 도시로 몰려든 이들이 계속해서 달동네의 이미 비좁은 틈을 비집고

만석고가 아래 옛 똥마당 근처. 한국전쟁 때와 그 직후에 만들어졌던 허름한 '하꼬방'들이 아직도 일부 남아 있다.

들어왔기 때문이다. 치워도, 치워도 늘어만 가는 수도국산 사람들의 분뇨를 처리하기에는 역부족이었을 터이다.

똥고개의 신분 상승?

송림동 사람들이 수도국산을 넘어 화수동, 만석동의 공장으로 출근하던 길, 서흥초교 옆쪽으로 난 가파른 고갯길 별명이 '똥고개'였다. 겨울이 되면 얼어붙은 구덩이에 아이들이 빠지는 난감한 일이 종종 벌어지기도 하였다. 달동네가 왜 달동네인지에 대한 해석이 여러 가지인 것처럼, 이 고개가 왜 '똥고개'가 되었는지에 대해서도 서로 다른 설이 존재한다. 우선, 이 고개에 배추나 호박, 복숭아를 키우는 밭이 널려 있었는데 그 밭들에 준 똥거름 냄새가 지독해 똥고개라는 별명이 붙었다는 이야기가 있다. 농부들이 똥거름을 지고 이 고갯길을 오르다 흘린 인분 때문이라는 것이다.

송림동에서 평생을 살아오면서 지금은 수도국산박물관에서 문화해설사로 소일하고 있는 남기영 할아버지의 말은 조금 다르다.

"사람들이 똥을 퍼서 여기다 많이 갖다 버렸어요. 똥지게꾼을 부르려면 돈도 들고 그러니까 밤에 몰래몰래 많이 갖다 버렸지. 그래서 여름이나 낮이 되면 똥 냄새가 진동했지."

똥 냄새가 진동한 게 똥고개 탓만은 아니었다. 하수처리장 시설이 갖추어지지 않았던 시절, 여기서 얼마 떨어지지 않은 바다에 똥차들이 똥을 쏟아 버렸다. 그 근처에서는 아이들이 멱을 감았고 그 옆에서는 낚시꾼들이 고기를 잡았다. 지금으로서는 상상하기 힘든 모습이다.

남기영 할아버지도 똥지게꾼과 벌인 '치열한' 싸움을 기억하고 있다.

"우스운 이야기지만 그때 똥 푸는 것 때문에 지게꾼하고 참 많이 싸웠어."

수도국산의 꼬불꼬불한 골목길에는 분뇨 수거차가 들어오지 못했다. 그래서 일일이 사람이 똥을 퍼 날라야 했다. 양쪽 지게는 골목 양

끝에 걸려서 한쪽으로 지는 지게로 똥을 퍼 날랐다. 연탄 배달 요금처럼, 높은 곳에 사는 사람들일수록 똥지게 하나에도 돈을 추가로 내야 했다. 꼭대기로 갈수록 더 열악한 주거 환경 탓에 더 가난한 사람들이 살았는데 돈은 아랫동네보다 더 내야 하는 처지이다 보니, 한 지게에 가급적 더 많은 똥을 퍼 가기를 바랐다. 반면, 지게꾼은 집주인이 안 보는 틈을 타서 종종 정량보다 가볍게 똥을 담아 날랐다. 세 지게를 나르고 다섯 지게를 날랐다고 거짓말을 하기도 했다. 그러니 똥 푸는 날이면 화장실 주인은 초긴장 상태가 되어 눈을 부릅뜨고 똥지게를 감시했으며 양이 많다 적다, 지게 수가 많다 적다며 서로 삿대질을 하는 상황이 비일비재했던 것이다.

똥고개가 사라진 뒤에는 '똥공장'으로 그 인연이 이어졌다. 1977년 똥고개 옆 풍림 아파트 뒤쪽, 지금의 백병원 부근에 송림위생처리장이 만들어졌다. 이전에는 숭의동과 연희동에서 처리되던 인천 전역의 분뇨가 이곳에서 처리되었다. 처리장은 1996년 폐쇄되었고, 그 부지에 2014년 열린 인천아시안게임의 배구장이 지어졌다. 더운 여름날이면 밥을 먹기 힘들 정도로 바람을 타고 몰려왔던 똥 냄새도 잦아들었다.

'똥'이 가진 지저분하고 부정적인 이미지 탓인지 동구청은 이 길의 이름을 '황금고개'로 바꾸었다. 똥에서 황금이라니, 신분이 수직 상승하기는 했다. 그런데 이상하게도 '황금고개'라는 말을 들으면 이전에 '황금 똥'이라는 말을 유행시켰던 요구르트 광고가 떠오른다. 똥의 이미지를 지우려고 바꾼 말일 텐데 오히려 똥 생각이 난다. 그래서 많은 이들이 이 황금고개 사거리를 지날 때마다 '맞아, 여기가 옛날에 똥고

황금고개와 인근에 분뇨 처리장이 있었던 송림6동. 처리장은 1990년대 중반 폐쇄되고, 그 자리에
2014 인천아시안게임 배구장이 지어졌다.

개였지'라고 되새길 것 같다. 본래의 취지와는 반대되는 결과겠지만,
잊혀 가는 옛날의 기억과 추억의 달동네 문화를 새삼 환기시켜 준다는
점에서 황금고개로의 개명은 나쁘지 않은 작명 센스일지도 모르겠
다.

바람 분다,
지붕 잡아라

초가지붕, 루핑, 슬레이트

"바람 한번 불면 지붕이 다 날아가서 동네가 허예졌
어요."

송현동에서 1938년 태어나 40년 동안 살았던 김동수 씨의 수도국산
달동네 추억담 한 토막이다. 강풍이 불면 날아가는 지붕이라니, 늑대의
콧바람에 날아가 버린 돼지 삼 형제의 짚으로 만든 집이 떠오른다. 김
씨는 수도국산박물관에 전시된 루핑 집을 보면서 이 기억을 떠올렸다.

'루핑(roofing)'의 사전적 의미는 '지붕을 이는 일. 또는 그 일에 쓰는
재료'인데 보통은 섬유 제품에 아스팔트 가공을 한 방수포를 가리킨
다. 해방 직후부터 루핑과 시멘트 블록 등을 팔아 온 송림동 희망건재
사 허준호 사장(1935년생)의 좀 더 구체적인 설명을 들어 보자.

루핑은 두꺼운 종이에 '타마고'라는 유지를 녹여서 입힌 거예요. 일종의 아스팔트 같은 것을 먹인 지붕 방수 재료인 거예요. 그게 여름에는 녹아서 흘러내리기 때문에 이를 방지하기 위해서 그 위에 굵은 왕모래를 끼얹었어요. 다른 지붕 재료보다는 값이 싸니까 많이들 했는데 그때는 없어서 못 팔 정도였지. 그만큼 어려운 사람들이 많았던 거예요.(《수도국산달동네박물관》 상설 전시 도록 중에서)

그도 1959년 대한민국을 강타했던 '사라'호 태풍 때 머리 벗겨진 사람처럼 온 동네 지붕이 다 날아갔던 모습을 기억하고 있었다.

개항으로 일본인들에게 쫓겨나다시피 수도국산으로 오거나 전쟁 통에 세간도 제대로 못 챙긴 채 내려온 피난민들이 제대로 집을 짓기는 쉽지 않았다. 특히 인천에 머물던 피난민들은 전쟁만 끝나면 고향 땅으로 돌아갈 생각을 하며 살았기 때문에 튼튼하고 안정감 있는 거처를 마련할 이유가 없었다. 많은 이들이 움막을 짓고 앞에 솥단지를 내걸었으며, 근처의 울창하던 소나무를 베어다가 껍질만 벗겨 집 기둥을 세웠다. 판자나 루핑도 구하기 힘들어 양철 판이나 콜타르를 바른 미국 야전용 식량 박스를 얼기설기 엮어 지붕을 올리기도 하였다. 발 빠른 사람들은 미제 깡통을 펴서 판잣집 지붕을 만드는 일명 '깡깡이업'으로 돈을 벌기도 했다고 한다. 인천 동구 송현동 건축물 대장의 시기별 신축 가옥 형태를 보면 1960년대 후반까지는 목조 흙벽에 초가지붕/루핑 지붕이 주류를 이루었고, 1970년대 전반에 기와지붕과 슬레이트 지붕이 늘어나기 시작했다. 새마을운동이 본격화되면서 주택 개량 운동의 일환으로 바뀐 것이다. 그리고 1970년대 후반에 들어서면서 목조 흙벽 대신 시멘트 블록이나 붉은 벽돌로 벽을 세운 집도 생겨났다.

건축적으로 보면 달동네는 불량 주택들이 모여 있는 불량 주거 밀집 지역이다. 〈인천 지역 전통 주거 건축물의 평면 및 배치 유형에 관한 연구〉(손장원·차동원, 《인천학 연구》 4호, 2007년)에서는 우리나라 불량 주거지 형성의 역사가 일제강점기의 농민 수탈 정책에 연원을 두고 있으며 해방, 한국전쟁, 그리고 1960년대 이후 급격하게 추진된 경제개발 정책으로 더욱 심화되었다고 분석한다. 한국전쟁 때 월남한 피난민들과 폭격으로 집을 잃은 이재민에 의해 형성된 이른바 '판자촌'이 도시의 한 부분을 차지하게 되었다. 이때 송림동 송현동 송월동 용현동 십정동 등지에 집중적으로 불량 주거지가 만들어졌다. 이 연구 논문에 실린 송현동 불량 주택의 평면 유형을 보면 전통 가옥을 설명할 때 말하던 'ㄷ' 자형이나 'ㅁ' 자형 등으로 명확하게 설명하기 힘든 부정형이다. 세입자를 받기 위해 기존 집에 얼기설기 방과 부엌을 증설했기 때문이다.

많게는 방을 다섯 개나 만든 집도 있었지만, 전체 가옥의 72퍼센트가 최소 대지 면적에 못 미치는 90㎡ 미만이다. 30평도 안 되는 집에 방을 네댓 개씩 만들었던 셈이니, 방들이 최소한의 프라이버시도 지키기 힘들 정도로 얼마나 다닥다닥 붙어 있었을지 상상하기 어렵지 않다. 주인집은 안방과 아이들 방 또는 어르신 방을 제외하고는 모두 세를 주었기 때문에 방 1~2개에 부엌이 하나씩 있는 조합 단위로 공간

초가, 루핑, 슬레이트, 기와 등 수도국산달동네박물관에 시대별, 재질별로 재현된 달동네 지붕들(사진: 박미향)

이 구성되었다.

수도국산박물관에는 당시 집의 형태들을 시기별로 재현해 놓았다. 일자형 초가집 옆에 루핑 지붕을 얹은 집이 있고, 그 옆에 슬레이트를 얹은 일자형 집이 세워져 있다. 슬레이트 지붕이 깨지면 버리지 않고 모셔 두었다가 고기를 구울 때 불판으로 사용하기도 했다. 석면 덩어리 판에 음식을, 그것도 익혀서 먹는다는 게 지금으로서는 충격적이지만, 머릿니를 잡기 위해 맹독성 살충제인 DDT를 아이들 몸에 직접 뿌려 대기도 했으니 새삼스러울 것 없는 풍경이었으리라. 세를 구하는 사람들은 종종 아이들의 숫자를 속이기도 했다. 코딱지만 한 방에 대여섯 명의 아이들이 살면서 북적이는 걸 주인들이 싫어했기 때문이다. 그래서 아이가 둘이라고 속이고 이사를 마친 다음에 친척 집에 맡겨 두었던 아이들을 하나씩 데려오던 세입자들도 많았다고 한다. 이사 온

수도국산 주변에는 아직도 슬레이트 지붕 집이 적지 않다. 지붕이 날아가지 않도록 타이어와 돌멩이 등을 위에 얹었다.

날부터 주인의 부릅뜬 눈을 피해야 했던 아이들은 김일 선수의 레슬링 시합이라도 있는 날이면 주인집의 텔레비전 주변을 어슬렁거리다가 독한 마음 먹고 슬그머니 방 안으로 들어갔다. 발이 더럽다는 주인집 딸내미의 구박 따위는 손에 땀을 쥐게 하는 경기의 흥미진진함에 비하면 아무것도 아니었으리라.

노후한 집들도 이제는 대부분 기와를 올렸지만, 수도국산 아래와 송림6동 쪽에는 슬레이트나 루핑을 이고 있는 집들이 적잖이 남아 있다. 그 위에 다시 방수포를 올리고 타이어 돌멩이 등 지붕이 날아가지 않도록 단단하게 무장을 했지만, 살짝 바른 벽의 시멘트 조각이 깨져 나간 자리에 흙벽이 맨살처럼 드러나 있는 모습들이 처연하다.

송림동의 근대 한옥들

수도국산 달동네 또는 송림동이라고 가난한 불량 주택들만 있었던 것은 아니었다. 많은 산동네가 그렇듯 아래로 내려올수록 집 꼴을 갖춘 주택들도 늘어난다. 송림 로터리에서 배다리 삼거리로 가는 송림로의 중간쯤에서 수도국산 쪽으로 살짝 방향을 틀면 송림1동 근대 한옥 마을이 나타난다. 1930년대 중반 이후 1950년대까지 시장 발달과 함께 한옥 마을이 형성되었다고 한다. 솔빛로 74번길에서 송림로 51번길로 이어지는 골목에 서 있는 기와집들을 보면 서까래와 문틀 등에서 공들여 지은 티가 난다. 북촌에서 만나는 정갈하면서도 소박한 한옥 골목과 흡사하다. 당시 자영업 등을 하면서 돈을 번 사람들이 산동네 아랫녘에 이처럼 번듯한 집을 지었다고 한다.

여기서 송림로 43번길로 올라가면 길게 이어진 벽을 따라 붉은 벽돌 굴뚝이 줄 지어 서 있는 큰 집을 만난다. 한눈에 보기에도 예사롭지 않은 역사가 느껴지는 건물이다. 1938년에 세워진 여관이다. 1948년 조선운수주식회사가 매입해 기사 숙소로 사용하다가 1951년 매각해 1989년까지 다시 여관으로 사용했다고 한다. 대문이 잠기고 노란 출입 금지 띠가 둘려 있어 내부를 볼 수는 없지만, 미음 자형 한옥으로 가운데에 중정이 있으며 길가 쪽으로 돌아가며 객실이 12~14개 있었을 것으로 추정된다.

50년 동안 이 여관방에서 따뜻한 아랫목에 누웠던 사람이 얼마나 되며 그들은 각자 무슨 사연으로 집을 떠나 낯선 여관방에서 밤을 보냈는지, 그 사연들의 일부만 기록되었어도 한국 현대사를 관통하는 대하 드라마가 완성될 법하다. 이후 송림로 건너편의 인천중앙침례교회가 주차장으로 사용하기 위해 이 땅을 사 현재까지 비워 놓은 상태다. 문화재적 가치가 충분해 보이는 이런 건물이 단순한 경제 논리로 사라지는 것은 안타까움을 넘어 사회와 지역의 무지함을 드러내는 일이다.

송림로 건너 송림3동에서 창영동, 금곡동으로 이어지는 골목, 옛날에 '샛골말'이라는 이름으로 불리던 동네에도 기와지붕을 인 한옥들이 꽤 남아 있다. 1920년대 중반 산언덕을 깎은 돌과 흙을 우마차에 실어 갯벌을 매립해 이곳에 한옥 마을을 지었다. 여유 있는 사람들이 이사를 왔다. 그래서 율목동이나 전동, 내동처럼 방귀깨나 뀐다는 사람들이 사는 부촌으로 통했다.

송림동 한옥마을 근처에 1938년 지어져 반세기 동안 운영되었던 전통 여관. 방마다 붉은 벽돌 굴뚝이 올라와 있다.

일제강점기에 인천의 부촌으로 개발된 송림3동 샛골마을의 기와집들

아벨서점의 곽현숙 대표는 박경리 선생의 유고 시집을 정리하다가 선생이 22세이던 1948년부터 1949년까지 이 근처에서 살았다는 사실을 발견했다. 전매청에서 일하던 남편 김행도가 주안 염전으로 발령을 받으면서 사택이 있던 이 동네로 온 것이었다. 당시의 주소가 금곡동 59번지였다는 것까지 확인했지만, 그 후 지번이 자주 바뀌어 정확한 위치를 찾아내는 데에는 실패했다. 다만 인천세무서 뒤쪽으로 인천산업학교 정문을 거쳐 동구청 가는 길 일대 어딘가에 있었으리라는 것은 알아낸 상태다. 그때 박경리 선생은 일본인들이 본국으로 떠날 때 버리고 간 책들을 고물상에서 사 모으기 시작해 배다리에서 헌책방을 운영했다. 육아와 살림에 치이다가 서점에 앉아 좋아하는 책을 원 없이 읽을 수 있었던 이때를 그는 일생에서 가장 행복했던 시절로 회고했다고 한다.

또한 송림동 일대는 일제강점기 때 북간도로 떠났던 교포들이 해방 이후 돌아와 모여 살던 곳이었다. 박경리 선생은 여기서 오가는 사람들에게 북간도 이야기를 들으며 한 번도 못 가 보았지만 마치 눈앞에 펼쳐지듯 생생하게 북간도를 묘사하는 『토지』의 이야기 터를 닦았을 것이다. 그뿐 아니라 『시장과 전장』 등 현실과 인간에 밀착한 그의 주요 작품들이 다양한 군상들로 북적이던 배다리 한복판에서 창작의 씨앗을 틔웠으리라. 인천 동구청에서는 이를 기념하기 위해 선생이 살았던 집터와 비슷한 곳을 복원해 박경리 문학 카페 조성을 추진하고 있다. 📝

달동네와
여공의 눈물

한 언론인의 특종 자랑

　　앞서 말한 고일 선생의 회고록 『인천석금』에서 개인
적으로 가장 흥미롭게 읽은 부분은 선생의 '특종 자랑'이었다. 나도 기
자라는 직업을 가지고 있어서일 게다. 율목동에 있던 사무실에 들어가
다가 전령의 전화 대화 한 토막을 듣고 슬그머니 나와서는 본사에 전
화를 걸어 마감을 늦추고 현장으로 달려가 취재한 기사를 철도편에 부
치고 얼마 뒤, 다른 신문에는 실리지 않은 단독 기사가 사진과 함께 버
젓이 3단으로 인쇄되어 나온 것을 확인했을 때의 뿌듯함. "신문 기자
이외 사람은 이런 맛을 모른다"는 문장을 읽으며, 기자란 예나 지금이
나 참 똑같다는 생각에 웃음이 나왔다.

　그때 선생이 특종을 했던 기사가 바로 1924년 벌어졌던 가등(加藤)

정미소 선미(選米) 여공들의 파업 사건이었다. 1920년대 인천에는 대형 정미소가 여러 곳 설립되었다. 일본에 부족한 쌀을 공급하기 위해 항구가 가까운 인천에 정미소를 세우고 전국에서 수탈한 쌀을 인천으로 보내게 된 것이다. 지금 대한제분 공장이 있는 만석동 골목에만 일곱 개의 정미소가 들어설 정도였고, 1930년대까지 그 수가 32개소로 늘어나면서 지역 공산품 총 생산액의 80~90퍼센트를 차지할 정도로 기간산업 역할을 했다.

정미소에서 쌀 고르는 일을 '선미'라고 했는데, 노동자 대부분이 여성이었기 때문에 '선미 여공'이라고 했다. 선미 여공들의 삶은 녹록지 않았다. 『간추린 인천사』(김윤식 외, 인천학연구소, 1999)에 묘사된 당시의 노동환경을 보면, 휴일 없이 하루 평균 10시간 노동에 평균 임금이 25전에 불과했다. 당시 신문들은 "눈물과 피를 긁어 먹는 정미소"라는 표현으로 선미 여공들의 비참한 삶을 고발했다. 남성들이 기피하는 저임금 단순노동은 사회의 최하층에 속하는 여성들의 몫이었다. 거기에 인격적 모욕까지 더해졌다. 가등정미소 파업 사건은 일본인 감독이 선미 여공을 잔인하게 구타한 것이 발화점이 되어 집단 파업으로 이어지고, 정미소들의 동맹파업으로 번졌다. 나아가, 일본인에게 저항하는 민족 투쟁으로 확대되는 계기가 되었다. 이러한 역사적 사건의 도화선의 최초 증언자가 되었으니, 고일 선생이 기자로서 "이 기사는 철두철미 내가 리드했다는 건방진 자긍까지 생긴 것"이라고 자부심을 표할 만도 하다.

사그라든 소녀들의 꿈

공장 도시 인천은 여공의 도시이기도 했다. 기술이나 자본을 가진 쪽이 기득권층 남성이었다면, 묵묵히 지지대 역할을 했던 것이 수많은 여공들이었다. 먹을 것은 없고 먹여 살려야 하는 자식들은 줄줄이 딸려 있던 시절, 부모들은 아들은 학교로 딸은 공장으로 보냈다. 중학교에 들어간 아들의 빳빳한 검은 교복은 가난한 부모의 자부심이었고 미래였다. 엄마는 날마다 열심히 교복을 다려 모자와 함께 항상 잘 보이는 곳에 가지런히 걸어 두었다. 그 미래를 위해 딸들은 초등교육만 마치고, 때로는 초등교육도 마치지 못한 채 공장으로 향해야 했다.

선미 여공보다 먼저 고된 공장 노동을 시작했던 여성들이 있다. 성냥 공장의 여공이었다.

1917년 수도국산 아래쪽 현재의 금곡동 33번지 일대인 금곡리에 조선인촌주식회사가 들어섰다. 직공 500여 명이 연간 7만 상자의 성냥을 만들어 낸 최대의 성냥 공장으로, 지방 학생들이 수학여행으로 견학을 올 정도였다고 한다. 인천 하층민의 궁핍한 현실을 그린 현덕의 단편소설 「남생이」와 수도국산박물관의 전시관에 온 식구가 모여 앉아 성냥갑 붙이는 풍경이 나오는 걸 보면 성냥 공장이 오랜 기간 인천 서민들의 삶에 얼마나 큰 영향을 미쳤는지 알 수 있다.

『격동 한 세기—인천 이야기』(경인일보 특별취재팀, 다인아트, 2001)에 따르면 성냥 공장 직공은 주로 10대 소녀들이었다. 동생의 진학을 위

성냥 공장이던 조선인촌주식회사에서 일하던 여공들(사진 제공: 인천광역시청)

해 또는 당장의 식구들 끼니를 위해 일했던 여공들 중에는 돈을 모아서 언젠가는 자기도 공부를 할 수 있으리라는 꿈을 품고 유황 냄새로 찌든 공장 안에서 성냥개비와 씨름한 이가 많았다고 한다. 이 동네에서 어린 시절을 보낸 80대의 장흥목 할아버지는 "허름한 목조건물 안에선 주로 여공들이 성냥갑에 성냥을 넣는 작업을 했는데, 기계적인 작업을 반복해서인지 그 솜씨가 귀신같았다"고 회고했다. 그러나 이들의 노동조건도 정미소 선미 여공들과 다르지 않았다. 1만 개의 성냥개비를 붙여야 60전을 받을 수 있었으며, 하루 평균 노동시간이 13시간에 달했다. 게다가 인간적 모욕을 당하는 일도 허다했다. 어린 나이와 여성이라는 조건은 그들을 계급 피라미드의 가장 아래쪽에 놓이게 했다. 1926년 4월 처음 발생한 금곡리 공장 파업의 목적은 임금 인상도, 열악한 노동환경 개선도 아닌 '임금 인하 반대'였다. 참혹하리만치 힘겨운 환경에서 열심히 돈을 벌어 살림을 피우고 상급 학교에 진학하겠다던 소녀들의 꿈은 금방 잦아드는 성냥불처럼 사그라들었을 터이다.

잊혀 가는 80년 여공 애사(哀史)

성냥 공장 여공과 정미소 선미 여공의 후예들이 졸린 눈을 비비고 아픈 다리를 두드리며 직조기를 돌리고 그들을 능멸하는 권력에 맞서 눈물겹게 싸운 곳이 '동일방직'이다.

동일방직의 전신인 '동양방적'은 이 일대에 일본 대기업 공장들이 입주하는 데 테이프를 끊은 공장으로서, 만석동 땅을 매립했던 일본인 사업가 이나다 가쓰히코(稻田勝彦)를 회생시켜 주었다. 매립지에 끌어들였던 간장 공장, 유흥업 등 사업이 모두 실패하며 파산 위기에 몰렸던 이나다는 오사카에 있던 동양방적 공장을 유치하기 위해 매립지의 지반을 다지는 공사를 하고 상수도 시설, 주변 도로 정비를 인천부에 요구하는 등 모든 방법을 총동원했다. 마침 일본에서는 1929년 우리의 근로기준법과 같은 공장법이 만들어지면서 8시간 노동, 최저임금 적용 등이 법제화된 터라 기업들이 값싼 노동력에 눈을 돌리고 있었다. 양쪽의 이런 이해관계가 맞아떨어져 동양방적은 인천부로부터 평당 5원에 2만 5,000평의 땅을 사 공장을 짓고 1934년 직조기 1,292대로 조업을 시작했다.

명실상부한 '동양 최대'의 이 공장 노동자 3,000명 가운데 2,800명이 여성이었다. 하루 일당은 쌀 두 되 정도를 살 수 있는 돈이어서 정미소나 성냥 공장과 달리 인기가 좋았다. 그래서 대학 이름에 빗대 '동대(東大)'로 통했다. 실제로 이곳에 들어가려면 보통학교 졸업장이 필요했다고 한다. 그러나 임금만큼 노동조건도 좋은 것은 아니었다. 인천의 오래된 골목을 답사하며 근대사 연구를 하는 인천골목문화지킴이 이성진 대표는 "전시체제가 되면서 12시간 교대하던 근무 시간이 하루 14~16시간까지 늘어나며 노동환경이 극도로 악화됐다"고 설명한다. 옛 동일여상 기숙사 쪽 외벽 위쪽에 감옥의 감시초소를 떠올리게 하는 작고 녹슨 건물이 눈에 띈다. 이 대표는 이것이 탈출하려는 여공들을 감시하던 초소라고 추정한다.

"너무 고달팠던 여공들이 견디지 못하고 담장을 넘어 탈출을 시도하곤 했지요. 그런데 담장 아래는 갯벌이라 만조 때 뛰어내린 사람들이 익사하기도 해서 이런 감시소를 만들었던 것으로 보입니다."

담장은 덧대어 올린 흔적도 보인다.

1955년 창업자 서정익 대표가 불하받아 동일방직으로 간판을 바꾸어 단 이후에도 이곳은 1960~1970년대 대표 업종이던 섬유 수출의 전진기지로 해마다 매출과 수익을 갱신하면서 성장해 갔지만 여공들의 삶은 나아지지 않았다.

지긋지긋한 가난을 벗어나려고 고향을 떠나올 때만 해도 사회가

동일방직 외벽 쪽에 세워진 초소.
가혹한 노동환경에서 탈출하려다 사고로 목숨을 잃는 여공들이 늘자
이를 감시하기 위해 세운 것으로 추측된다.

이런 곳인 줄은 몰랐을 것이었다. 몇 년째 주말도 휴일도 없이 하루 열댓 시간씩 일한 결과로 남은 것은 아무것도 없었다. 그나마 폐병에 걸리지 않으면 다행이었다. 솜먼지에 폐가 망가져 병원을 드나들다가 아무 보상도 없이 그만둔 친구들이 숱했다.(안재성, 「동일방직 사건—"똥을 먹고 살 순 없다"」 중에서)

2014년 3월, 안양공장 이전을 위해 80년간 돌아가던 기계가 완전히 멈추고 공장은 문을 닫았다. 정문 왼편으로 들어가면 의무실이 있다. 2014년 내셔널 트러스트 문화유산으로 선정된 이 건물은 한국식과 일본식이 독특하게 결합된 건축양식으로 유명하다. 인천시 문화재 위원인 손장원 재능대 실내건축과 교수는 "지붕선, 기와, 창살 문양 등은

동일방직 의무실. 한국식과 일본식이 독특하게 결합된 건축양식으로 유명하며, 2014년 내셔널 트러스트 문화유산으로 선정되었다.

우리 전통 양식을 따르고 있고, 벽돌 벽 장식 등에는 전통 양식을 모방한 양식이 구현되어 있으며, 기둥의 형태와 배치, 주 출입구 포치와 복도 등은 일본 양식을 따르고 있다"고 분석한다.

이제는 텅 빈 실내로 살금살금 들어가 보니 '입사상담실' '의무실'이라고 써 붙인 문이 먼저 눈에 들어온다. 널찍한 옆방은 신입 교육실이었던 듯하다. 먼지가 잔뜩 쌓인 차트가 그 옛날 더 나은 미래를 꿈꾸며 눈을 반짝이던 가난한 여공들의 부풀었던 희망의 빛바랜 잔재처럼 남아 있다.

1978년 중앙정보부가 직접 나서 민주노조를 와해시키기 위해 저질렀던 '똥물 테러' 사건 이후 회사는 회유책으로 1980년 산업체 학교인 동일여상을 세웠다. 그곳에서 주경야독하던 소녀들도 하나둘 빠져나가 학교는 2001년 문을 닫았다. 공장 문이 닫히면서 한국 현대사의 중요한 한 장면도 기록 속에만 남게 되었다. 그러나 동생을 학교 보내기 위해, 엄마에게 쌀값, 연탄 값을 보내 주기 위해 자욱한 먼지와 더위 속에서 발을 동동거리며 직조기 사이를 뛰어다니던 소녀들이 남긴 값진 선물은 우리 곁에 남아 있다. '공순이'가 아닌 '여공'이라는 직함이다.

화수동의
옛 공장 기숙사들

저택이 쪽방으로

　　적산(敵産): 적의 재산. 적산 가옥: 패망한 일본인 소
유의 재산 중 주택. 네이버에 등재된 한국민족문화대백과는 '적산 가
옥'을 이렇게 규정하고 있다. 사전적 의미는 그렇지만, 일제의 유산이
라 할 일본식 주택을 통상 적산 가옥이라고 부르기도 한다. 이를테면
'아카사키촌'이라 불리는 만석동 판잣집의 상당수는 해방 이후에 일본
식으로 지어진 것이다.

　사전적 의미에 충실한 적산 가옥으로는 화수동 쪽에 대거 자리 잡은
공장 기숙사가 있다. 1930년대 말부터 조선기계제작소를 비롯해 일진
전기, 철도 공작창 등 태평양전쟁을 앞두고 조선을 병참기지화하면서
전쟁에 필요한 군수품 제작을 위한 중공업 공장들이 마치 하나의 유기

체를 이루는 요소들처럼 만석동과 화수동, 송현동 일대로 속속 들어왔다. 대륙으로 향하는 바다를 끼고 있었기 때문이다. 이들은 공장의 효율적 운영을 위해 직원 기숙사도 지었다. 조선기계제작소만 해도 한창 공장을 가동할 때에는 연인원 5,000명이 1·2 공장으로 나뉘어 일을 했으니, 원활한 인력 조달을 위해 주거 공간이 필요했을 터이다. 화수동과 만석동, 송현동 일대에는 일본 공장들이 지어 놓은 기숙사들이 아직까지 남아 있다.

특히 송화로 48번길(송현동) 일대의 적산 가옥들은 조선기계제작소 간부 사택인 것으로 최근 알려졌다. 지금도 사람들이 거주하는 집들이라 어떤 집은 기와를 새로 얹고 어떤 집은 외벽을 수리하는 등 세부는 저마다 차이가 있지만 전체 골격은 매우 비슷한 적산 가옥이 대여섯

송현동에 남아 있는 옛 조선기계제작소 간부 사택

채 남아 있다. 정확한 크기는 알 수 없지만 한눈에도 넓은 이층집임을 알 수 있다. 조선인의 부촌으로 유명했던 율목동의 웬만한 기와집들과 비교해도 밀리지 않는 널찍한 주택들이다. 인천골목문화지킴이 이성진 대표는 "지역 답사를 하면서 주민들과 이야기를 나누다가 이곳이 조선기계제작소 간부 사택임을 알아냈다"고 한다.

낡은 창틀과 구석구석 허물어진 벽이 원래의 모습에 가까운 것처럼 보이는 한 집 주변을 두리번거리고 있는데 집으로 들어가던 어르신이 알은척을 하며, 궁금하면 들어와 보라고 한다. 대문을 열고 들어가 보니 이층과 이어진 중심 건물 부분은 폐허가 된 채로 방치되어 있다. 듬직한 크기의 나무 현관문만이 한창때의 위용을 가늠케 한다. 오른쪽 단층 쪽만 조금 보수해 쪽방처럼 사람이 기거한다.

한때는 떵떵거렸을 이 저택들은 대부분 이 집처럼 쪼개져 있다. 중간 부분의 이층집을 중심으로 단층이 양쪽으로 퍼져 있는 형태인데, 서로 제각각인 외벽들이 이미 오래전에 세 집으로 분리되어 따로 살아가고 있음을 보여 준다. 한 시대의 저택이 다음 시대의 쪽방으로 변모한 것이다.

지난 시절의 현대식 주택들

화수동 쪽으로 옮겨 쌍우물로와 화수안로를 지나 제물량로 433번길에 이르면 조선기계제작소 기술자 사택이 나타난다. 여기서 큰길을 건너면 바로 두산인프라코어, 그 옛날의 조선기계제작소가 나타난다. 실무를 하는 사람들이라 간부급 주택보다 공장에 훨씬 더 가까운 곳에 사택을 지은 모양이다. 이곳에는 일본인과 경성공업학교(서울공대의 전신) 출신의 조선인 과장급 기술직 사원들이 살았다고 한다. 조선기계제작소는 제1공장과 제2공장으로 나뉘었는데, 제1공장에서는 3,000명의 조선인 노동자들이 군수품을 만들고 제2공장에서는 2,000명의 핵심 기술자들이 잠수함 등 무기를 조립했다. 이곳에 살던 사람들은 바다에 좀 더 가까운 제2공장으로 아침 출근길에 나섰을 터이다.

골목의 첫 집을 구경하고 있는데 주인이 나와서 말을 건다. 여기서 반세기를 산 이경모 할아버지(1939년생)가 선뜻 집 안도 구경하라고 한다. 바깥 쪽 현관문만 빼면 이 골목에서 유일하게 손댄 데가 없는 집이란다.

염치 불고하고 들어간 집은 꽤 넓어 보였다. 실 평수가 23~24평 정도 된다니, 지금으로 따지면 30평대 아파트 크기다. 좁은 마루 옆 오른쪽 문을 여니 큰 방이 나온다. 지금은 공간을 다 터서 안방으로 쓰고 있지만, 원래의 구조는 방 두 개에 마루였다. 주방 옆에도 방이 하나 더 있다. 그러니까 방 세 개에 널찍한 마루, 실내에 화장실까지 있는, 당시로서는 현대식 주택이었다. 화장실 나무 문부터 일본식 벽장인 오시이레(おしいれ)까지 그대로 남아 있다. 여느 노인들의 집처럼 살림살이가 빼곡한데 아들 둘, 딸 하나와 며느리, 사위, 손자들과 함빡 웃고 있는 이 씨의 칠순 잔치 사진이 책상 위 가장 잘 보이는 자리에 세워져 있다.

화수동에 있는 기술자 사택. 일본인과 조선인 전문 기술자들이 살던 곳이다.

"60년도 이 동네로 이사 올 때만 해도 부촌이었어. 이렇게 넓은 집이 그때 쉽게 있나. 그때 돈 벌어서 사서 들어왔는데 같이 살던 사람들은 다 이사 가고 나만 못 갔지."

많은 인천 사람이 그렇듯 황해도 옹진에서 피난 때 내려온 이 씨는 배를 타고 목포까지 갔다가 충남 홍성으로 옮겼다가 정착하는 데 실패하고 다시 올라왔다. 군대를 제대하고 결혼을 막 한 참이었다.

"냄비 두 개, 젓가락 두 벌, 이불 한 채 지고 화수동으로 왔어. 홍성

에서도 바닷일을 했으니 부둣가 가까운 곳으로 온 거지. 그때 화수
부두, 아주 번창하고 좋았지."

부둣가에서 하역 같은 노동 일을 하다가 배 부리는 사장 밑으로 들
어가 사무장을 했다.

"그러면서 고기 장사도 하고 소금 장사도 하고 새우젓 장사도 했
어. 그러다 주변에서 부추겨 객주업을 시작했는데 그건 망했어. 바
다 나가는 배에 밥이나 다른 출어 준비를 해 주는 건데, 벌이가 신통
찮으면 돈을 안 주니까 물리고 떼먹히면서 자꾸 손해를 보니 고통스
러운 거야. 그래서 접고 배 부리는 일을 했지. 그 사업이 잘됐어. 그
래서 이 집도 산 거지."

1970년대만 해도 대규모 공판장이 인천밖에 없어서 서산이나 안면
도까지 입항해 물건을 팔았다. 이 씨의 집은 사무실과 손님 접대용 식
당을 겸했다.

"잘살아 보겠다고 그때 마누라 고생을 많이 시켜서, 할매가 지금은
다리가 아파서 잘 못 움직여. 미안하지."

남들이 세상의 변화에 발맞추어 이곳을 떠나는 동안 할아버지는 동
네가 좋아서 이사 갈 생각을 하지 않았다. 이제는 떠나고 싶어도 떠나

기 어렵다. 재개발된다고 해서 기다리고는 있는데, 요즘 같은 불황에 대단지 아파트를 짓는다는 공무원들의 계획이 언제 이루어질지 미덥지 못하다.

가난이 낳은 개방성

집을 나와 두산인프라코어 쪽으로 조금 더 걸어간다. 제물량로 425번 길에서 그냥 스쳐지나갈 뻔했다. 평범한 창고처럼 생겨서 사람 사는 집이라고 생각하기 힘든 건물로 다가갔다. 밝은 대낮, 건물로 들어가는 입구 쪽은 빨려들어갈 듯 어둡기만 하다. 어두운 복도 안으로 들어가니 양쪽으로 각각 다섯 개의 문이 나 있다. 한쪽은 모두 비어 있다고 하고 맞은편 쪽은 두세 집 정도에서 사람 사는 흔적이 느껴진다.

이곳은 만석동 괭이부리말의 아카사키촌처럼 일반 직원들의 사택이었다고 한다. 제1공장에서 부품을 만들던 조선인 노동자들의 거처였다. 손바닥만 한 방에서 고단한 하루의 여장을 잠시 푼 이들은 또 새벽같이 공장으로 향했을 터이다. 그리고 허리를 펼 틈도 없이, 무엇을 만드는지도 모르는 채, 그 자신이 부품이 되어 열심히 기계 부품을 만들어야 했으리라.

기숙사로 쓸 때에는 그렇지 않았겠지만, 언제 새로 벽을 발랐는지 지금 이곳엔 창문이 없다. 복도만 칠흑같이 어두운 게 아니라 방도 그렇다. 창문 없는 방. 사람들의 발끝만 내다보이는 반지하보다 어둡고

기술자 사택에서 두산인프라코어(옛 조선기계제작소) 쪽으로 더 가면 있는 노동자 기숙사.
이전의 형태는 거의 사라지고 창문도 없는 쪽방 건물로 바뀌었다.

공기는 눅진하다. 더는 물러날 곳이 없는 이들의 거처다. 기역 자로 이어진 입구 끝에 공동 화장실이 있다. 정비를 한 지 오래된 재래식 화장실인 듯 냄새가 코를 찌른다.

밖으로 나오다가 우연히 천장을 본다. 칠흑처럼 어두워 이층이 있는 줄 몰랐는데, 가만 보니 밖으로 튀어나온 난간이 한 집 남아 있다. 플라스틱 합판으로 덧댄 천장을 뚫고 들어온 손바닥만 한 햇빛이 그 옛날의 활기를 어슴푸레 환기시킨다. 비록 그때도 가난했겠지만, 저 난간을 통해 아랫집 옆집에 농을 걸고, 간장을 빌리고, 어쩌다 함께 지짐이도 부쳐 먹었으리라. 좁은 곳에서 복작거리다 보니 늘 소란했을 테고. 그런데 지금은 사람이 살아도 소리가 새어 나오지 않는다. 죽음보다 고요한 침묵만이 건물을 감싸고 있을 뿐이다.

건물에서 나와 두산인프라코어를 지나 화수부두 쪽으로 걸음을 옮긴다. 공장에서 한 무리의 젊은 남자들이 우르르 몰려나와 근처 식당으로 들어간다. 중국말 하는 걸 보면서 '요새는 이런 공단으로도 중국 관광객이 오나' 했는데 일종의 산업 연수생이라고 한다. 두산에서 수출하는 중장비 기기를 배워 가기 위해 중국 공장에서 이처럼 단체 연수를 온다고 한다.

지나치게 깔끔하게 정비된 화수부두는 북성포구나 만석부두처럼 쇠잔한 아름다움을 느끼기도 쉽지 않다. 몇몇 사람들이 안전대 위에 낚싯대를 드리우고 있다. 바다 자체의 멋은 하나도 느껴지지 않지만, 뒤쪽의 동네는 만석부두 쪽 주택가보다 활기 있어 보인다. 빈집이 많은 만석부두로 쪽과 달리 사람 사는 집이 많다. 좁은 골목 한가운데, 한

시멘트로 골조를 만들고 그 안에 연탄을 때서 음식을 조리하는 화덕

집에서 건넛집 이층으로 가로놓인 작은 사다리가 눈에 띈다. 이곳 이층에 사는 사람은 건너편 집을 통해 집으로 들어가는 걸까? 아니면 그냥 이웃끼리 편하게 왕래하기 위해 놓은 사다리일까? 물어볼 이가 없어 답은 알 수 없지만, 아무튼 공동체가 사라진 요즘 주거 환경에서는 상상하기 힘든 연결 고리다. 사다리 근처에는 작업복 점퍼와 티셔츠, 운동화 등이 집 밖 살림살이 주변에 걸려 있다. 집 안에 꼭꼭 숨겨 둘 것도 없고 숨기려야 숨길 곳도 없는 좁은 집들. 허름한 세간은 밖으로 나오고, 자연스럽게 옆집 살림살이가 어떤지 수저는 몇 개인지 알고 지내게 된다. 열악한 환경이 낳은 개방성. 달동네 사람들의 정겨움이란 이처럼 팍팍한 생활 조건에서 비롯한 정서적 호흡이라고 해야 할 터이다.

이 동네 집들은 문을 열면 몇 계단 정도 내려가야 하는 독특한 실내 구조를 가지고 있다. 살짝 열린 문 안쪽을 들여다보니 특이하게도 시멘트로 만든 화덕에 보글보글 찌개가 끓고 있다. 마실 나온 이웃 아주머니들끼리 찌개에 막걸리 한 병을 두고 기분 좋게 저녁 식사 중이다. 화덕 모양이 신기해 다짜고짜 한 장 찍을 수 있냐고 물었더니 기분 좋게 그러란다. 누구나 부러워할 만찬은 아니어도, 이만하면 입 안 가득 침이 고이는 저녁상이다. 📝

소설 속 달동네,
중국인 거리와
괭이부리마을

꿈꾸는 이들의 임시 거처

소설가 오정희가 1979년 발표한 단편「중국인 거리」에서 작중 화자인 '나'는 인천의 첫인상을 이렇게 묘사한다.

우리가 요란하게 가로질러 온, 그리고 트럭의 뒤꽁무니 이삿짐들 틈에서 호기심과 기대로 목을 빼어 바라본 시는 내가 피난지인 시골에서 꿈꾸어 오던 도회지와는 달랐다. 나는 밀대 끝에서 피어오르는 오색의 비눗방울 혹은 말로만 듣던 먼 나라의 크리스마스트리처럼 우리가 가게 될 도회지를 생각하곤 했었다.

폭이 좁은 길을 사이에 두고 조그만 베란다가 붙은, 같은 모양의 목조 이층집들이 늘어선 거리는 초라하고 지저분했으며 새벽닭의 첫 날개질 같은 어수선한 활기에 차 있었다. 그것은 이른 새벽 부두로 해물을 받으러 가는 장사꾼들의 자전거 페달 소리와 항만의 끝에 있는 제분 공장의 노무자들의 발길 때문이었다.

「중국인 거리」는 인천을 담은 문학작품 중 앞자리에 놓이면서 동시에 빼어난 성장소설로 평가받는 작품이다. 열 살짜리 여자아이가 시골에서 인천으로 올라와 사춘기(초경)에 이르기까지를 다룬 이 작품은 1950년대를 다룬 소설에서 찾아보기 힘든 풍경들로 가득 차 있다. 굳게 문 닫힌 적산 가옥에서 폐쇄적으로 살아가는 중국인들, 머리에 노란 물을 들이고 흑인 병사와 동거하는 양공주 등, 도식화하자면 빈민가, 슬럼가이지만 어린아이에게는 두려우면서도 비의로 가득해 보이는 미지의 세계다.

대학 신입생 시절에 읽은 뒤 지금까지 「중국인 거리」는 가장 좋아하는 소설이다. 워낙 탁월한 성취를 이룬 작품이라 그렇기도 하겠지만, 작품 속 소녀가 경험하는 혼란과 호기심, 떨림 같은 감정에 어렴풋한 동질감을 느꼈기 때문이기도 하다.

예닐곱 살 무렵, 이모가 몇 년간 살던 경기도 평택에 몇 번 놀러간 적이 있다. 이모네 집은 마치 하숙집처럼 방을 여러 개 세 놓는 큰 집이었는데, 이른바 '양공주'가 그곳의 방 하나를 빌려 살았다. 방 주인의 얼굴은 기억이 안 나지만 지금까지도 기억에 선연한 건 그 방에 있던 분홍색 레이스 가운이다. 지금 생각하면 그저 싸구려 나일론 가운이었을 뿐인데, 어린 눈에 비친 그것은 잡으면 녹아 버릴 듯 꿈결 같은 아름다움이었고 내가 알던 세상과는 전혀 다른 곳에서 온 것 같은 신비 그 자체였다. 「중국인 거리」에서 치옥이가 보여 준 제니 언니의 물건들을 보며 '나'가 느꼈던 기분도 아마 그러했으리라. 소설 속 중국인 거리는 이러한 낯섦과 동경, 혼란의 결정체다. 그것은 작가의 자의적 해석만은 아닐 것이다. 국적 다른 외국인들이 오가고 하루가 다르게 전국 이곳저곳에서 생김새도 말투도 다른 사람들이 몰려들며 푸른 바닷가와 검은 연기 나는 공장을 나란히 옆에 두었던 북성동, 당시의 중국인 거리가 실제로 그랬을 테니까.

자유공원 아래 고등학교에 다니던 시절, 단짝 친구와 나는 자율 학습 시간에 몰래 빠져나오면 자유공원에서 중국인 거리까지 어슬렁거리며 돌아다녔다. 공원과 중국인 동네를 잇는 계단에 앉아 항구에 배가 들어오는 모습을 지켜보기도 했고, 마름모나 동그라미로 창문이 뚫린 이국적이고 낡은 적산 가옥 주변을 서성이며 집 안을 훔쳐보기도 했다. 1950년대 중반 서울에서 이사 와 중학교 들어갈 때까지 이곳에 살았다는 작가의 동선과도 비슷했을 터이다. 지금은 중국인 거리가 아닌 '차이나타운'이란 이름으로 주말마다 사람들로 북적거리는 관광지가 되었지만, 요란한 간판의 식당가를 빠져나오면 여전히 상급 학교에 가는 대신 허리가 드러나는 짧은 스웨터를 당겨 내리며 미장원을 청소하는 치옥이와 열두 살 '나'를 만날 것만 같은 골목들이 이어진다.

영화와 소설 등 인천을 담은 주요 예술 작품들에서 인천은 가난한 사람들, 밀려난 이들의 거처다. 물론 인천에도 일제강점기부터 부촌으로 알려진 율목동을 비롯해 서울에서도 찾아올 정도로 없는 게 없었다

주말마다 북새통을 이루는 관광지 '차이나타운'으로 변모한 인천 중국인 거리

는 신포시장 등 영화를 누렸던 곳들도 있고, 중앙시장 등에서 자수성 가로 부를 일군 사람도 많을 터이다. 그럼에도 인천의 지역성은 가난한 노동자, 떠돌이, 변방 등의 아웃사이더적인 단어로 요약된다. 강화도조약, 제물포조약 등 외세가 들어올 때 관문이 되었던 곳이 인천이었고, 한국전쟁 이후 산업화에 이르기까지 인천은 그 역동성과 급성장에도 불구하고 서울의 주변부로 자리매김을 해 왔기 때문이다. 게다가 언젠가 고향에 돌아가겠다는 마음으로 부둣가 주변을 벗어나지 못한 채 인천 사람이 되어 버린 사람들로 인해 형성된 뜨내기 정서가 뿌리를 내렸다. 이런 정서는 피난민에서 시작하여 지금까지 이어지면서, '서울에 입성하는 데 실패한, 일이 잘 풀리면 인천을 벗어나겠다는 꿈을 가진 사람들의 임시 거처'라는 그림자를 인천에 드리웠다.

생활비가 빠듯할 때면 엄마는 "버려진 농가도 많다던데 고향으로 갈까?" 했고 …… 아버지는 금의환향 못 할 바에야 안 돌아가겠다고 했다. …… 나는 그 말에서 아버지가 이 도시를 떠날 곳으로 여기고 있음을 깨달았다. 이곳에 정주하지 않겠다는 다짐이 오히려 타지에서의 삼십 년을 견디게 했음을, 정주와 이주 사이의 그 아슬아슬함이 생의 부력이었음을.

인천에서 성장하여 인천을 배경으로 한 단편소설을 여러 편 발표한 김금희 작가가 발표한 단편 「아이들」의 일부다. 떠돌이의 도시 인천의 특성을 예리하게 포착했다. 이 작가의 2009년 한국일보 신춘문예 당선작인 「너의 도큐먼트」는 인천의 거리를 계속 떠도는 사람들의 이야기다. 사업이 망하자 잠적한 아버지는 '나'와 엄마에게조차 어디에 있는지 알리지 않고 어디론가 계속 떠돌고 있고, 그런 아버지를 찾기 위해 엄마와 나는 지도 한 장을 들고 인천 여기저기를 떠돈다. 끊임없이 움직이는 주인공 탓에 유독 인천의 많은 동네가 등장하는 이 소설은 그 자체로 한 편의 인천 기행문처럼 보이기도 한다. 소설이 끝나 갈 즈음 중국인 거리 근처에서 아빠를 마지막으로 만난 '나'는 그때까지 들고 다녀 너덜너덜해진 지도를 찢고 버스에 오른다. 무책임한 아버지, 뒷덜미를 잡아당기는 과거와의 결별. 성장소설의 마무리다. 주제도 시대적 배경도 다르지만 소설 「중국인 거리」와 묘하게 이어지는 지점이다.

비정한 현실과 절망 나누기

가장 대중적으로 인천이라는 도시의 주변부적인 현실을 알린 소설은 역시 김중미 작가의 『괭이부리말 아이들』일 터이다. 「중국인 거리」와 『괭이부리말 아이들』은 인천 지역 중고등학생들이 소설의 배경이 된 동네를 찾아가는 체험 학습을 할 때 교재로 가장 많이 읽는 작품들이다. 앞에서 말했듯이 1970년대 작품 「중국인 거리」와 2000년대 김금희의 작품이 친연성을 가지고 있다면, 『괭이부리말 아이들』의 직계 조상은 영화평론가 최원식이 지적하듯 현덕의 「남생이」일 것이다.

수도국산박물관에 전시된 달동네 관련 문학작품들

    호두형으로 조그만 항구 한쪽 끝을 향해 머리를 들고 앉은 언덕,
그 서남면 일대는 물매가 밋밋한 비탈을 감아내리며, 거적문 토담집
이 악착스럽게 닥지닥지 붙었다. 거의 방 하나에 부엌이 한 칸, 마당
이랄 것이 곧 길이 되고, 대문이자 방문이다. 개미집 같은 길이 이리
굽고 저리 굽은 군데군데 꺼먼 잿더미가 쌓이고, 무시로 매캐한 가
루를 날린다. 깨어진 사기요강이 굴러 있는 토담 양지짝에 누더기가
널려 한종일 퍼덕인다.

    1938년 발표된 「남생이」의 첫머리는 하인천 부둣가 주변에 들어선
빈민가를 사실적으로 묘사하고 있다. 현덕은 서울에서 태어났지만 어

린 시절 집안의 몰락으로 가족들이 뿔뿔이 흩어져 대부도 당숙네서 자라며 인천과 인연을 맺었다고 한다. 빈민 문제를 사실적으로 다룬 수작으로 꼽히는 「남생이」는 수도국산박물관의, 달동네를 소재로 한 작품들에서 맨 앞자리에 전시된 작품이다. 노동자로 일하다가 폐병에 걸려 집에 누워 있는 아버지와 술병과 떡을 이고 다니며 술과 함께 몸을 파는 엄마의 피폐한 삶을 어린아이인 노마의 천진한 시선으로 관찰한다. 현덕은 이 소설뿐 아니라 다른 작품에서도 어린 '노마'를 등장시켜 아이의 때 묻지 않은 시선과 비루하고 모순으로 가득 찬 어른들의 세계를 대비시키곤 하였다. 현덕을 통해 '노마'는 순수한 어린이를 상징하는 고유명사가 되었고 후배 작가들의 아동 소설에서도 주인공으로 자주 등장하는 이름이 되었다.

괭이부리말은 인천에서도 가장 오래된 빈민 지역이다. 지금 괭이부리말이 있는 자리는 원래 땅보다 갯벌이 더 많은 바닷가였다. 그 바닷가에 '고양이섬'이라는 작은 섬은 바다가 메워지면서 흔적도 없어졌고, 오랜 세월이 지나면서 그곳은 소나무 숲 대신 공장 굴뚝과 판잣집들만 빼곡히 들어찬 공장 지대가 되었다. 그리고 고양이섬 때문에 생긴 '괭이부리말'이라는 이름만 남게 되었다.

다소 건조하게 동네를 소개하는 『괭이부리말 아이들』의 도입부는 서술의 톤이 다를 뿐, 60여 년 전 현덕이 묘사한 내용과 같은 이야기를 하고 있다. 일제의 매립으로 지도가 바뀌어 정확한 위치는 다를 수 있지만 인천 부둣가의, 가난한 이들의 동네를 소개하고 있다는 점에서 그렇다. 『괭이부리말 아이들』은 가출한 엄마가 돌아왔지만 사고로 아빠를 잃은 숙희·숙자 쌍둥이, 엄마의 가출에 이어 아빠가 지폐 몇 장만 남긴 채 돈 벌러 떠난 동수·동준이 형제, 그리고 유일한 가족인 어머니를 잃은 영호 삼촌과 주변 사람들의 이야기를 그린다. 「남생이」가 천진한 아이의 시선을 앞세워 결국에는 비정한 현실을 냉정하게 그리고 있는 반면, 『괭이부리말 아이들』은 지독한 절망을 나누기하며 희망을 찾아가는 이야기로 마무리한다. 만석동에서 공부방을 운영하며 상처 입은 아이들과 오랫동안 호흡해 온 현장 활동가로서 작가가 다지는 결의나 아이들을 향한 격려 같은 게 녹아든 마무리일 터이다. 『괭이부리말 아이들』은 청소년 소설로서는 보기 드물게 어른과 아이 독자들을 망라해 백만 부 이상의 판매고를 기록하며 지역에 대한 관심까지 환기시켰다. 다만, 이러한 관심이 불쏘시개가 되어 진행된 주거 환경 개선 사업이 괭이부리마을을 아끼는 작가와 지역 활동가와 동네 주민들에게 지금까지는 보람보다 아쉬움을 더 많이 남기고 말았다는 게 씁쓸한 아이러니다. 📝

영화 속 달동네,
건달의 신포동
소녀들의 만석동

화려했기에 더욱 초라한

　　　　　1990년대 초반 대학에 진학한 뒤 집도 서울로 이사를 가게 되면서 10년 가까이 잊고 살았던 인천을 다시 찾게 된 계기가 있었다. 2001년 개봉한 영화 〈파이란〉을 본 것이다.

　무능하고 독하지 못한 '양아치' 강재(최민식)와, 불법체류자가 되어 중국으로 쫓겨나지 않기 위해 강재와 서류상 결혼을 하는 파이란(장백지)의 닿을 수 없었던 인연을 그린 〈파이란〉은 영화적으로도 뛰어난 수작이다. 그런데 그보다 나를 매혹시킨 것은 스크린에 재현된 인천 동네였다. 고등학교 시절, 자율 학습 시간을 빼먹고 월담을 하거나 휴일 날 학교에 공부하러 간다고 나와서 친구와 어슬렁거리던 거리가 거기 있었다. 중국인 거리 일대와 신포동 골목, 자유공원 등을 싸돌아다니던 때로부터 10년이나 지났는데 스크린에 비친 풍경은 옛날 모습 그대로였다. 그 주말, 나는 경인선 전철을 타고 동인천역으로 향했다.

내가 〈파이란〉을 보고 놀란 건 내가 놀던 거리들이 나와서가 아니었다. 그 거리들이 10년 동안 마치 화석처럼 하나도 변하지 않아서였다. 중국인 거리만이 관광객을 끌기 위해 요란하게 치장했을 뿐, 아래로 내려오면 모든 게 옛날 그대로였다. 우습게도, 옛날 그대로의 모습이 모든 게 뒤바뀌었다는 것을 역설했다. 연수구 등 다른 동네가 개발되면서 인천의 가장 오래되고 가장 번성했던 도심이 그 옛날의 위세를 빼앗기고 낡고 볼품없는, 쇠락의 상징이 되어 버린 것이다.

〈파이란〉은 인천에 대한 영화를 언급할 때 가장 앞자리에 놓이는 〈고양이를 부탁해〉 못지않게 인천의 지역성을 캐릭터화한 영화로 꼽을 만하다. 영화의 시작부터 그런 특징이 잘 드러난다. 흑백 처리된 첫 장면은 인천항에서 입국 심사를 받는 중국인들의 모습이다. 입국 심사관의 의심 가득한 눈초리 '스캔'을 당한 뒤 파이란의 여권에 '1999, DEC. 02'라는 입국 허락 날짜 도장이 찍힌다. 이 모습은 인천에 사람들이 몰려들기 시작하던 한국전쟁 직후와 1960~1970년대 산업화 시절의 풍경과 겹친다. 한눈에 봐도 먹고살기 위해 이곳에 온 행색이 역력한 사람들. 그 시절 뿌리내린 땅에서 쫓겨나 이북에서, 주린 배를 채우기 위해 충청도와 전라도에서 화수부두와 만석부두로 도착한 이들도 영화 속 중국 동포들처럼 두려움과 긴장 속에 인천 땅을 밟았으리라. 그리고 수도국산이나 만석동, 전도관 언덕 꼭대기 손바닥만 한 방한 칸에 몸을 뉘었을 것이다.

왜 입국 도장 날짜는 1999년 12월 2일이었을까. 새 천 년을 코앞에
둔 세기말. 카메라는 개항장 주변을 배회한다. 100년 전 이곳에 들어
선 각국 영사관과 은행, 공원 들은 신문물이었다. 당시로서는 첨단의

〈파이란〉(2001)의 영종집(사진: 박미향)

상징이었을 근대식 건물과 서구식 공간들이 들어서면서 개항장은 경성의 본정통(本町通) 같은 화려한 상업 중심지로 성장했다. 해방 후 일본인들이 돌아가면서 그 기세는 꺾였지만 그래도 100년 가까이 인천의 '원도심' 노릇을 했던 이곳의 번성이 한 세기와 함께 끝나 가고 있었다. 허세 가득한 행동이나 말투마저 측은함을 자아내는 강재의 모습에는 옛 영화의 흔적이 지금의 쇠락을 더욱 강조하는 인천의 원도심과 비슷한 분위기가 서려 있다. 파이란의 여권에 찍힌 날짜는 새로운 시작을 의미하는 입국 날짜이면서 과거의 영화는 모두 끝났다고 확인하는 '상황 종료' 선언처럼 보인다.

보스로부터 거부할 수 없는 제안을 받고 괴로워하는 강재가 같이 사는 경수(공형진)와 술을 마시는 장면이 있다. 낡은 유리창에 붉은 글씨로 영종집이라고 쓴 허름한 선술집이다. 김이 모락모락 나는 순대를 숭덩숭덩 썰어 뜨끈한 국물과 함께 내놓는 이 식당은 수도국산 아래 송현시장에 있다. 지금도 강재처럼 말 못 할 속앓이를 하는 이들이, 호주머니 얇은 이들이, 하루의 고된 노동을 마친 이들이 이곳에서 순댓국 한 그릇에 소주병을 따면서 잠시 시름을 잊고 잔을 꺾는다.

저부가가치 장소의 아이러니

〈파이란〉과 같은 해에 개봉한 〈고양이를 부탁해〉를 빼놓고 영화 속 인천을 언급할 수는 없을 터이다. 〈파이란〉이 연애 없는 멜로 영화라면, 〈고양이를 부탁해〉는 설렘 없는 청춘 영화다. 청춘 영화들이 빠지기 쉬운 상투적인 격려나 공허한 희망의 거품을 걷어 내 개봉 당시 평론가들로부터 극찬을 받았다.

인천항 주변과 강원도 바닷가를 오가는 〈파이란〉과 달리 〈고양이를 부탁해〉는 인천을 전면으로 내세운다. 네 친구 중 하나(쌍둥이)는 중국인 거리에 사는 화교이고, 지영(옥지영)은 할머니 할아버지와 함께 천장이 조금씩 무너져 가는 만석동 판잣집에 산다. 부모가 이혼한 혜주(이요원)는 비록 좁은 원룸이지만 인천을 벗어나 서울 시민이 된다는 데 들뜨고, 태희(배두나)는 졸업 뒤 집에서 운영하는 찜질방 알바로 월급도 못 받는 '잉여'의 삶을 살아간다.

영화 초반, 여상을 졸업한 이 동기생들이 놀러 가서 사진을 찍는 곳은 북성포구다. 공장으로 사면이 둘러싸인 기이한 바닷가 북성포구. 번쩍이는 대형 쇼핑몰이나 놀이공원이 아닌 북성포구가 이들이 스무 살의 첫 발자국을 내딛는 곳이다. 고졸, 어린 여성, 인천이라는, 중심 바깥의 정서가 응축된 듯한 배경을 이고 아이들은 막 터진 꽃망울처럼 환하게 웃는다. 이들이 놀러 가는 월미도의 분위기도 크게 다르지 않다. 오래되고 낡은 유원지, 피부색 다른 이주 노동자 청년들, 때마침 불어 대는 매서운 바람. 변두리의 청춘들이 부딪히는 세상은 틀어진 책상 서랍처럼 아귀가 잘 맞지 않는다.

영화에는 무너져 가는 지영이의 집 주변 풍경이 계속해 등장한다. 버려진 철로를 따라 걷는 만석동 '똥마당'과 낡은 일본식 집들이 위태롭게 서 있는 '아카사키촌'. 『괭이부리말 아이들』의 스무 살 버전이라고 할 만하다. 디자이너를 꿈꾸는 지영은 유학을 가고 싶지만, 좁은 다

<고양이를 부탁해>(2000)
포스터

락방에서 그녀가 바라보는 동네의 다닥다닥 붙은 슬레이트 지붕들은 "꿈 깨고 고달픈 현실을 직시해!"라고 외치는 것만 같다. 스크린은 일종의 환영이다. 허름하고 무너져 가는 풍경에도 낭만을 덮어씌울 수 있다. 감독은 그런 소박한 낭만이나 몽상도 허용하지 않으려는 듯 한순간에 지영의 집을 무너뜨린다.

 <파이란>에서 강재는 '국가대표 호구'고, <고양이를 부탁해>에서 혜주를 비롯한 친구들은 '저부가가치 인생'이다. 한때 부지런히 바지락, 굴 들과 고향 떠난 사람들을 실어 나르던 북성포구나 화수 · 만석 부두

버려진 철로를 따라 걷는 지영, 〈고양이를 부탁해〉에서

도, 지금의 대형 쇼핑몰이 부럽지 않을 정도로 번쩍거렸던 동인천 지하상가나 중앙시장도, 이제는 저부가가치 장소가 되어 버렸다. 아이러니한 것은 그렇게 저부가가치 동네가 되었기 때문에 인천의 원도심이나 오래된 동네들이 살아남아 스크린에 담길 수 있었다는 점이다. 부동산 호황이 이어졌다면 고부가가치 실현을 위해 오래된 동네들이 모두 재개발의 삽질에 사라졌을 테니 말이다.

고유한 시간이 게 있으매

　　　　　　　　〈천하장사 마돈나〉(2006) 역시 앞의 두 영화처럼 아웃사이더 또는 비주류의 이야기를 다룬다. 이 영화는 제작 노트에서부터 인천을 이 영화의 또 하나의 주인공이라고 언급한다.

　　항구지만 수평선은 보이지 않는 곳. 서울의 변두리이되 나름의 중심 도시. 뻥 뚫린 차선이 컨테이너들에 점령당한 '노동의 도시' 인천. …… 꿈을 향해 힘차게 페달을 밟아 가는 오동구의 도시, 인천은 그러므로 배우 못지않은 이 영화의 주요 캐스팅이다. 꿈과 현실이 늘 어긋나 삶에서 주인공이었던 순간이 드문, 우리 모두를 대변하는 오동구처럼 말이다.

　　여자가 되기 위해 여성스러움과는 거리가 먼 씨름을 시작하는 동구(류덕환)의 이야기를 그린 이 영화는 〈고양이를 부탁해〉처럼 인천의 변두리 정서를 성장 영화적 코드에 접목시킨다. 10대 남자 트랜스젠더라는 소재가 〈고양이를 부탁해〉보다 더 낯설지만 풀어 가는 방식은 유쾌하다. 연안부두에서 첫 촬영을 시작해 인천 동구(주인공 이름도 동구다) 송림동 달동네와 중구 동인천 근방, 부둣가 근처를 오가는 이 영화는 주인공 동구의 괴로운 고민과는 상관없이 바다에서 불어오는 시원한 바람을 맞으며 오래된 인천 골목을 기분 좋게 산책하는 기분을 경험하게 한다. 송림3동 재능대 주변으로 동구의 생활공간들, 낡은 주택

인천이라는 도시와 그 도시의 특성을 영화에 전면 배치한 〈천하장사 마돈나〉(2006) 중에서

과 공터, 운동장이 지나간 시간들을 떠올리게 하고, 동구가 실없는 친구 종만에게 마음을 터놓는 공간으로 주로 등장하는 중국인 거리와 근처 자유공원에서 보이는 인천항 전망은 탁 트여 시원하다. 실패한 운동선수이자 알코올 중독자인 아버지를 둔 동구의 삶이 〈고양이를 부탁해〉의 지영과 크게 다를 바 없어 보이지만, 영화는 동구의 불안이나 막막함보다는 자신에 대한 긍정에 초점을 맞춘다. 그래서 똑같이 허름하고 낡은 달동네의 풍경이라도 이 영화의 카메라가 포착한 동네는 느긋하고 여유로워 보인다.

〈고양이를 부탁해〉가 개봉 당시 평가와 대비되는 흥행 참패를 겪자 인천 관객들을 중심으로 영화 살리기 운동이 벌어졌다. 이와 함께 인천을 구질구질하게 그린 영화가 무슨 인천의 대표 영화냐는 반감이 표

출되기도 했다. 〈파이란〉이나 〈천하장사 마돈나〉의 인천도 낡고 구질
구질하기는 마찬가지다. 왜 카메라 속에 담긴 인천은 하나같이 이렇게
허름하고 칙칙한지, 아쉽게 느껴질 수도 있겠다. 그러나 만약 고층 아
파트들이 즐비한 연수구나 송도 신도시에서 찍은 영화라면 누가 그 작
품을 보면서 인천을 떠올릴 수 있을까. 그런 화면이라면 송도에서 찍
든 해운대에서 찍든 서울 한복판에서 찍든 상관없다. 영화는 '시간의
예술'이라고 한다. 차곡차곡 쌓이는 시간을 담는 매체다. 서울의 서촌
이나 인천과 군산의 원도심처럼 고유의 시간을 간직한 오래된 동네들
은 그래서 카메라가 매혹당하는 공간이기도 하다. 많은 것들이 기록되
기도 전에 사라져가는 시대에 인천의 오래된 시간들이 이처럼 스크린
에 기록된다는 것은 그곳에서 유년기를 지낸 나에게, 그리고 많은 인
천 사람들에게 다행스러운 일이 아닐 수 없다.

2부

살아 있는
과거를 만나다

손바닥만 한 햇빛도 들어오기 힘들어 보이는

어느 집 현관 앞,

손바닥보다 작아 보이는 텃밭에서

이름 모를 덩굴식물이 자라나고 있다.

좁은 벽을 타고 잘 자라라고

가느다란 지지대도 세우고

정성스레 끈으로 고정도 해 주어

조그만 정원이 되었다.

궁핍한 삶이 궁핍한 마음과

언제나 쌍을 이루는 것은 아니다.

북성포구와
만석부두

비균질적 요소들의 무심한 조화

　　최근 몇 년 새 부쩍 인기를 누리게 된 도시 여행 방식은 오래된 골목 산책이다. 낡은 것들을 순식간에 무너뜨리고 올라가는 빌딩들, 하룻밤 자고 일어나면 쏟아져 나오는 새로운 기술과 지식들, 넘치도록 번잡하고 화려해지는 도심의 불빛들. 세상이 돌아가는 속도가 빨라질수록 그 반작용으로 사람들은 느리게 움직이는 어떤 세계, 시간이 멈추어 버린 것 같은 어떤 공간을 찾아 헤매기 시작했다. 이제는 서울의 어느 지역보다 번잡스러워지긴 했지만 삼청동을 비롯해 서촌, 이태원 경리단길 같은 곳이 처음 주목받았던 이유다. 서울의 대표적 달동네인 창신동은 대형 전시의 주제가 될 정도로 하나의 문화적 코드가 되었고, 통영의 산동네 동피랑과 부산의 감천동 문화마을은 지역 대표 관광 상품이 되었다.

인천의 북성포구도 그런 곳 중 하나다. 불과 몇 년 전만 해도 아는 사람만 알고 가는 사람만 가는 작은 포구였다. 알더라도 누군가에게 여행 삼아 가 보라고 권하기에는 좀 껄끄러운 곳이었다. 바다의 낭만과는 거리가 멀어 보이는 공장들로 둘러싸여 있는 데다, 포구로 향하

물 빠진 오전의 북성포구. 삼면이 공장들로 둘러싸여 있다.

는 동네의 별명은 '똥마당'. 한국전쟁 때 이북에서 내려온 피난민들이 얼기설기 판잣집을 짓고 살면서 제대로 된 용변 시설을 갖추지 못해 주변에 오물들이 쌓이면서 얻은 불명예스러운 별명이다. 물론 지금 이곳에서 똥 냄새는 나지 않는다. 1980년대 중반 아파트가 들어서면서 '똥마당'은 추억으로만 남았다.

쇠락하고 초라한 이 포구가 몇 년 새 여행지로 주목받기 시작했다. 오래된 시간을 머금은 그 모습, 황금빛 저녁노을과 공장의 검은 연기 같은 비균질적인 요소들이 무심하게 어우러진 풍경이 사람들의 발길을 끌어당기고 있는 것이다. 사진 찍는 이들의 출사지로도 인기가 높다.

전날 내린 가을비가 붉고 노란 낙엽을 쓸어내린 늦가을 오전, 북성포구를 찾아갔다. 인천역에서 만석고가도로 아래 철길을 건너 대한제분 인천공장 쪽으로 향하면 옆에 북성포구를 알리는 작은 안내판이 보인다. 높고 긴 공장 벽 사이 400미터 정도 되는 좁은 골목길은 다른 세상으로 통하는 비밀스러운 통로 같다. 트인 곳은 하늘뿐인 이 답답한 골목 끝에 다다라 왼쪽으로 몸을 틀면 티브이 채널이 넘어가듯 활기 넘치는 횟집과 바다 풍경이 펼쳐진다. 두 갈래로 이어진 횟집 골목의 한편은 바다 위에 세워진 듯한 모양새다. 일렁이는 바다와 날아드는 갈매기들, 그리고 그 뒤의 공장 굴뚝 실루엣 사이로 넘어가는 붉은 해를 보면서 조개를 굽거나 회 한 점을 집는 사람들은 주로 여행자나 나들이객이다. 바다가 보이지 않고 더 허름한 안쪽 편 횟집은 근처 사는 동네 단골이 많이 찾는다. 『괭이부리말 아이들』의 숙자 아버지가 부둣가에서 오후 일을 잡지 못하고 배회하다 들어와, 곤궁하게 지나온 시간과 집 나간 아이들 엄마를 떠올리며 소주 한잔을 기울인 곳도 이 안쪽 횟집들 중 한 곳이었으리라.

짧은 횟집 골목을 빠져나오면 포구가 나온다. 물이 빠져나가고 검은 흙과 검은 공장 굴뚝이 어우러진 오전의 포구는 황량하다. 오른쪽으로는 대성목재 자리에 들어선 만석비치타운 주공아파트가 보이고 왼쪽

여우네횟집
010-6268-3668
032-777-1774

바지락칼국수

강호
011-440-085

만석20회 동창회원

허름하면서도 분위기 있는 북성포구 횟집촌

바다에 물이 가득 들어온 북성포구의 야경(사진: 박미향)

으로는 목재 공장의 야적장과 대형 고철 더미와 멀리 월미도의 공장들까지 보인다. 습기를 머금은 공기에는 짭조름한 바다 내음 대신 주변 공장들에서 흘러나오는 오묘한 냄새들이 뒤섞여 있다. 지금은 쪼그라든 할머니의 젖가슴처럼 작고 볼품없는 포구지만 1980년대 초만 해도 수도권 최대의 포구이자 어시장으로 명성을 날렸다고 한다.

일제는 1929년 말부터 1931년 초까지 북성동 해안 일대 1,111㎡(약 3,668평)를 매립해 대규모 수산물 공판장과 어시장을 세웠다. 근처에 어업용 제빙 공장도 설립했다. 한창때 파시가 열리면 대형 어선 100여 척이 물샐틈없이 포구에 정박해 만선의 깃발을 펄럭였다고 한다. 커다랗고 싱싱한 고기들은 신포동의 공설 시장을 비롯해 서울의 대형 시장

에까지 배달되었고, 파시 끝에 남은 작고 볼품없는 생선들은 가난한 여인들의 작은 광주리에 담겨 노점이나 주택가 골목에서 싼값에 팔려 서민들의 밥상에 올랐다. 1975년 연안부두 일대를 매립하면서 북성포구와 화수부두의 어시장은 그쪽으로 이전했고 1980년대부터는 부두 앞 해면을 공장 부지와 고철 야적장으로 매립하면서 안쓰러움의 정취만 가득한 포구로 남았다.

포구를 돌아 나와 다시 철길을 건너면 아직 무너지지 않은 오래된 집들이 고가도로 밑 구석에 남아 있다. 출입문 하나만 있거나 출입문 하나에 창문 하나 있는 손바닥만 한 쪽방들로, 양철이나 나무합판을 조각보처럼 얼기설키 덧대어 추운 바닷바람을 막으며 살았던 모습이 그려진다. 나중에 시멘트를 덧바르고 층을 올려 계속 사람이 거주하는 집도 일부 남아 있지만, 대부분은 비었거나 무너져 내려 텃밭이 되었다. 족히 반세기는 지냈을 것 같은 버려진 석탄 난로 주변을 닭과 오리들이 설치고 다닌다.

쇠락한 부두의 질긴 생명줄

만석부두 쪽으로 걸음을 옮긴다. 괭이부리말 윗동네
인 화도진로 쪽 오래된 주택가를 벗어나 만석부두로를 향해 걷는다.
만석부두로 1번길, 3번길에도 예외 없이 쪽방촌이 이어져 있는데, 큰
길 건너편 화도진로에 이어진 쪽방촌보다 허름하다. 대부분이 빈집이
라 더 을씨년스러워 보인다. 빈집을 기웃거리는 손님이 못마땅했는지,

주민들이 빠져나가
빈집이 많은 만석부둣가
판자촌

멀리서 할아버지가 달려와 잡아먹을 듯 고함을 친다. 골목 여행자들이 늘수록 원주민들은 피곤해진다. 하물며 자랑하고 싶지 않은, 차라리 숨기는 게 마음 편한 살림살이를 누군가 호기심 가득한 눈으로 쳐다본 다는 것은 괴로운 일일 수 있다. 그에 더해 이웃들이 삼삼오오 떠난 동 네에 남아 마지막까지 집을 지키는 이라면 편치 못한 마음이 오죽할까 싶어, 얼른 "죄송합니다" 큰절을 하고 골목을 빠져나온다.

만석부두로 들어가는 널찍한 골목 입구, 옛날 판유리 공장 앞쪽에 오래된 슈퍼가 있다. 슈퍼 간판 옆에 대문짝만 하게 '담배' 간판이 붙 어 있다. 그 크기에 피식 헛웃음을 짓다가, 이 가게가 바로 한때 인천 담배는 여기서 다 팔린다고 할 만큼 담배가 잘 팔렸다던 집임을 확인 한다. 화도진로 쪽 쪽방촌을 재건축한 괭이부리말 임대주택에 들렀다 가 만난 이혜숙 할머니(1936년생)가 '올드미스 아주머니'라고 불리며 출퇴근하는 공장과 부두 노동자들에게 이곳에서 담배를 팔던 장본인 이다.

"'샛별' 담배가 20원 하던 시절이니까 한 40년도 더 되었지. 새벽 이면 본선에 일하러 가는 반장들은 보루로 집어 가고 공장 사람들도 다들 사 가니까 일주일에 한 번씩 트럭으로 배달 오는 양이 모자라, 사흘에 한 번씩은 직접 전매국에 가서 담배를 사 왔지."

해방 전해에 선친을 잃은 할머니는 초등학교를 졸업한 뒤부터 어머 니를 도와 함바(간이식당)에서 일을 시작했다. 부두와 공장에 사람이 넘칠 때라 아침부터 사과 상자 위에 김밥이고, 떡이고, 고구마고 올려 놓기만 하면 불티나게 팔렸다고 한다.

"어머니가 장사 나오면 나는 주전자에 물 받아 오거나 간장 들고 따라 나와야 했지. 또, 정신없이 북적이는 사람들 가운데 돈 안 내고 가는 사람 있으면 잡아서 받아 오라는데 그게 그렇게 창피해 죽겠는 거야. 그래도 그렇게 벌어서 그 집을 사게 돼서 나중에 어머니와 식당도 하고 담배도 팔면서 먹고살았지."

젊은 시절 잠깐 시집갔다가 돌아와 어머니와 둘이서 살림을 꾸려 가던 할머니는 15년쯤 전에 오랫동안 헤어져 살던 아들의 사업 자금을 대 주느라 집을 팔았다. 그 후 인천 이 동네 저 동네를 돌며 어렵게 살다가 임대주택 신청을 해 괭이부리말로 돌아와 노후를 보내고 있다.

북성포구만큼이나 왜소해졌지만 그래도 만석부두는 비교적 깔끔하게 정비된 모습이다. 부두로 들어가는 골목에 서 있는 낚시 장비집들이 이 부두의 질긴 생명줄을 확인해 준다. 오후 네 시가 가까워진 시간에 배가 두 척 들어와 있다. 영흥도에서 따 온 굴을 잔뜩 실은 배다. "그래도 작년보다는 올해가 좀 낫네요." 배에서 삽으로 포대에 담고 있는 굴을 트럭에 실을 준비를 하던 도매업자의 말이다.

"8년째 굴과 바지락을 하고 있는데, 옛날과 비교하면 어림없죠. 특히 바지락 하면 여기랑 부안을 최고로 쳤는데, 부안은 새만금방조제

늦가을 영흥도에서 따 온 굴을 자루에 담아 하역하는 사람들

때문에 망했고, 인천은 시화방조제 때문에 다 망했죠."

포대에 싣는 작업이 마무리될 즈음, 일꾼 아주머니 한 분이 부두로 올라와 건물 계단에 앉아 다리를 쭉 펴고 한숨 돌린다. 새벽 다섯 시부터 나와 일을 시작했다는 아주머니의 얼굴에 개흙이 여기저기 묻었다. "올해로 여든"이라는 나이에 깜짝 놀란다. "소일거리 삼아 나와서 쉬엄쉬엄 하니 할 만해." 신새벽에 어둠의 사위를 헤치며 시작하는 노동을 소일거리라고 표현하는 어른들의 삶이 얼마나 고단한 것이었을지, 구구절절 설명 듣지 않아도 짐작이 간다. 돌덩어리보다 무거운 굴 포대를 간이 기중기 같은 기계가 배에서 트럭으로 옮긴다. '그래도 나름

자동화됐네?' 생각했지만, 다시 보니 굴 작업을 한 할머니들이 온 힘을 다해 줄을 잡아당기는 수동식 기중기다. 짐을 가득 싣고 출발한 트럭은 굴막에 포대들을 내려놓을 것이다. 그럼 다시 그 동네의 노인들이 오랫동안 쪼그리고 앉아, 굴을 까다가 망가진 무릎과 손마디를 두드리며, '소일거리' 삼아 밤늦도록 굴 껍질 분리 작업을 할 터이다.

만석부두 근처에는 조그만 포구 같은 만석 도크가 있다. 지금의 두산인프라코어, 그러니까 일제강점기 조선기계제작소 제1공장 바로 옆에 물이 들어오도록 비밀스럽게 만든 장소다. 대륙 침략을 위해 이곳에서 건조한 잠수함을 진수하기 위해서다. 총 여섯 척을 만들었는데 네 척이 전쟁 수행을 위해 이곳을 통해 태평양으로 나갔다. 진수되지 못한 두 척은 전쟁이 끝나 일본인들이 한국을 떠나고도 한참 뒤까지 이곳에서 녹슬며 동네 아이들의 숨바꼭질 놀이터가 되었다. 🖍

만석동
괭이부리마을

사연 많은 인천의 첫 '신도시'

인천 동구의 괭이부리마을과 수도국산은 오랫동안 인천의 가난한 동네를 대표하는 지역이었다. 송림동, 송현동 일대가 이곳에 문을 연 수도국산박물관 덕에 이름이 알려졌다면, 만석동은 김 중미 작가의 소설『괭이부리말 아이들』덕에 유명세를 탄 동네다.

'괭이부리'는 본래 '묘도(猫島)'라는 섬 이름에서 온 말이다. 주변이 갯벌로 둘러싸인 바닷가였고, 20세기 초만 해도 조선인 수십 가구만이 그 바다를 지키던 한적한 마을이었다고 한다. 호랑이가 살았다는 묘도 에는 재미난 전설이 내려온다. 만석동 토박이인 이혜숙 할머니가 어린 시절 당신의 할머니로부터 들었던 이야기란다. 어느 봄날 아낙들이 산 나물을 캐러 괭이부리에 갔는데 호랑이가 나타났다. 혼비백산한 사람들은 신발짝도 소쿠리도 호미도 내던지고 도망쳐 왔다. 목숨은 건졌지만 신발 한 짝, 소쿠리 하나도 아쉬운 살림에 다들 속이 상해 끙끙거리며 잠이 들었다. 그런데 다음 날 아침에 일어나 보니, 두고 온 물건들이 문 앞에 얌전히 놓여 있더란다. 밤새 호랑이가 가져다 놓은 것이다.

호랑이가 등장하면서도 이렇게 맑고 순한 전설이 내려오던 고요한 괭이부리는 일제강점기에 지속적으로 행해진 매립 사업으로 흔적도 없이 사라졌다. 바닷가 마을 만석동은 앞에서도 나온 일본인 사업가 이나다(稻田)가 1906년 50만㎡ 규모의 갯벌을 매립하면서 지금의 지도 모양을 갖추기 시작했다. 근처 청라지구처럼 갯벌을 매립해 그곳에 공장과 집들이 들어서기 시작했으니 인천의 첫 '신도시'라고 해도 과언이 아닌 셈이다. 하지만 이나다의 예상과 달리 매립 초기에 이 넓은 땅은 돈벼락을 내려 주지 못했다. 이곳에 살던 조선인들을 쫓아내고 정미소와 간장 공장을 유치하면서 다른 공장들이 속속 입주하리라 예상했지만 그렇지 않아 손해가 막심하자 유흥가로 변신을 꾀했다. 고급 식당과 객실, 온천 등을 갖춘 '팔경원(八景園)'을 건립하고 그 주변을 홍등가로 만든 것이다. 조선 총독이었던 이토 히로부미까지 인천에 오면 이곳에 들를 정도로 호화로운 곳이었다지만, 이 역시 실패한 계획으로 끝났다. 언덕 위 팔경원이 있던 자리에는 지금 만석감리교회가 들어서 있다.

교회 건너편에서부터 아래쪽으로 내려가는 화도진로에는 판자촌과 빌라촌이 뒤섞여 있다. 그곳을 찾아간 날, 화도진로 176번길에서는 동네 어르신들을 위한 복지 행사가 열렸다. 제법 쌀쌀한 날, 호떡 트럭과 커피 매대가 들어서 노인들에게 뜨끈한 차와 호떡을 대접하고 있었다. 헐린 집터에 텃밭과 함께 들어선 정자에서는 2015년 달력도 나누어주고 치매 테스트 게임 등도 진행하고 있었다.

"황해도 옹진에서 피난 때 내려왔어. 그때는 판잣집이 다 뭐야, 가마니로 천막 치고 살았지."

달력을 받아 가던 이동렬 할아버지(1943년생)는 "온 가족이 피난 내려올 때만 해도 금방 고향으로 돌아갈 줄 알

집은 좁고 이웃과의 거리는 가까운 달동네에서 살림들은 종종 집 밖으로 나온다.

았는데 어머니는 장질부사로 전쟁 통에 돌아가시고, 아버지는 이곳에서 살다가 68년에 돌아가셨다"고 회고한다. 이 동네에는 이 할아버지처럼 황해도 출신의 피난민이 많다. 옹진 등 인천에 가까운 섬에서 배를 타고 내려왔기 때문이다.

"항운노조에서도 일하고 강원연탄, 대성목재소에서도 일했지. 지금 보면 다 무너져 가는 집들이지만, 이게 60년대에 시에 건의해서 새로 정비해 지은 것들이라 그때는 남부끄러울 거 없었어."

할아버지는 이곳에서 보낸 젊은 날을 좋았던 시절로 기억한다. 얄팍한 월급봉투에 다달이 들어가는 '월사금'을 걱정하고 겨울이면 연탄 값도 부족하던 때이지만, 아침이면 신발 끈을 묶고 현관문을 나설 수 있는 일자리가 있었다. 고만고만하게 사는 이웃들 간의 정도 도타웠다.

"지금이야 빈집도 많고 맨 노인네들뿐이지."

할아버지는 몇 달 전 주거 환경 개선 사업으로 집이 헐리며 근처 빌라로 이사했다.

176번길의 좁은 골목으로 들어간다. 한 사람이 지나가기도 편치 않은 골목 사이로 더 좁은 골목이 가로질러 뻗어 나갔다. 10㎡(3평)도 안 되는 쪽방들 사이로 전깃줄이 거미줄처럼 얽혀 있고, 골목 아래쪽에는 공동 화장실이 놓여 있다. 수도국산 주변이 그렇듯 슬레이트와 양철 지붕들 사이로 고층 아파트 단지가 보인다. 대성목재 자리에 세워진 만석비치타운 아파트다.

손바닥만 한 햇빛도 들어오기 힘들어 보이는 어느 집 현관 앞, 손바닥보다 작아 보이는 텃밭에서 이름 모를 덩굴식물이 자라나고 있다. 좁은 벽을 타고 잘 자라라고 가느다란 지지대도 세우고 정성스레 끈으

로 고정도 해 주어 조그만 정원이 되었다. 궁핍한 삶이 궁핍한 마음과
언제나 쌍을 이루는 것은 아니다.

어디선가 연탄가스 냄새가 새어 나온다. 골목 중간에 반세기는 족히
넘게 서 있었을 듯한 나무 전봇대가 여전히 전선 가닥 수십 개를 칭칭
감은 채 버티고 있다. 곳곳에 삶의 안전을 위협하는 요소를 안고 있는
동네에서 추억과 보존에 대한 논의가 더욱 신중하고 조심스러워야 하
는 이유다.

일제강점기부터 근처 공장 직원 기숙사가 많이 지어져 '아카사키촌'
이라 불리는 이 동네에는 굴막이 많다. 근처 부두로 싣고 온 굴 까는
일은 괭이부리말 주민들의 주요 수입원이었다. 굴 철이 되면 마을의

| | 집 모양은 같지만 저마다 다른 식으로 덧대지고 수리된 만석동 아카사키촌

아낙들은 굴막에 모여 손에 굳은살이 박이고 관절이 뒤틀릴 때까지 쭈
그리고 앉아서 굴을 깠다. 오래된 굴막들은 대부분 폐허가 되었지만,
지금도 아카사키촌의 정비된 자활 사업 공간 가운데 유일하게 주민들
의 손을 타는 곳으로 활용되고 있다.

쪽방촌 옆 고층 아파트

최근 정비를 마쳐 새로 지은 공동 화장실 앞 작은 쌈
지 휴식처 앞에서 골목 사진을 찍는 십 대 아이들을 만났다. 인천 원당고 1, 2학년 학생들 열 명 정도가 현장 학습으로 『괭이부리말 아이들』
의 배경이 된 이곳을 찾았다. 아이들을 인솔해 온 천희진 국어 선생님
은 "지난해 『천변풍경』, 『소설가 구보 씨의 일일』의 주요 모티브인 서
울 지역을 탐방했는데, 올해는 인천을 배경으로 한 문학작품을 찾아서
읽고 현장을 찾아가는 수업을 진행 중"이라고 말했다. "골목을 다니면
서 영상을 찍고 있는데, 아파트에서만 살던 나한테는 익숙하지 않은
모습에 좀 놀라기도 했다"고 수업에 참가한 1학년 신지원 학생이 말한
다. "연탄 같은 신기한 물건을 보는 게 재밌다"고 옆 친구가 덧붙인다.
두 학생처럼 여기에 온 아이들뿐 아니라, 이제 도시에 사는 많은 아이
들이 아파트에서 태어나 아파트에서 쭉 자란다. 붕어빵처럼 찍어 내는
아파트의 삶. 공동체적인 결속은 약하지만 생활의 편의라는 면에서 최
고의 효율성을 가진 생활 방식이다. 최근에는 이 규격화된 삶에 염증
을 느끼는 사람들을 중심으로 다시 마당이 있는 주택에서 살고자 하는
움직임도 늘고 있다. 그러나 쪽방촌 사람들에게 아파트는 여전히 아직
진입하지 못한 삶의 단계이기도 하다.

　김중미 작가는 『우리 동네에는 아파트가 없다』라는 동화를 2002년
발표했다. 시골에서 빚을 지고 인천으로 올라온 엄마 아빠를 따라 만
석동으로 이사 온 사 남매의 10년 동안의 생활을 아이들의 일기 형식
으로 쓴 책이다.

　학교 끝나고 또 동네를 돌아다녔다. 이 동네에는 아파트가 없다.
나는 도시에 오면 아파트가 있을 줄 알았다. 그런데 다 판잣집이다.

괭이부리말에서 바라본 만석비치타운.
대성목재소가 문 닫으며 그 자리에 아파트가 들어섰다.

게다가 집들이 다닥다
닥 붙어 있어서 불이
나면 최소한 다섯 집
은 한꺼번에 다 탈 거
다. 집들은 엉터리로
지어서 벽이 울퉁불퉁
하고, 길도 시멘트로
대충 찍어 발라 논 것
같다. 집마다 다락같
이 생긴 게 있는데, 거
기에도 사람이 산다.
한 줄로 쭉 붙어 있는
집을 따라가다 보면
맨 끝마다 공중 화장
실이 있다. 길은 다 좁
고 낮에도 깜깜하
다.(첫째 상윤이의 일기,
1990년 4월 8일)

대한민국에서 도시의
삶은 곧 아파트의 삶이
다. 엄마 아빠를 따라 처

음 인천에 올 때 상윤이가 떠올렸던 것 역시 아파트였을 터이다. 겨울에도 코끝이 빨갛게 얼지 않고 사시사철 따뜻한 물이 나오는 아파트. 1990년부터 2000년까지 이어지는 사 남매의 일기 중 마지막 부분에서 넷째 상희는 이렇게 썼다.

6학년 첫날부터 기분이 나빴다. 짝꿍이 된 애가 처음부터 잘난 척이다. 작년에 전학 온 앤데, 지금은 서해빌라에 산다. 그 애는 내년에 만석비치타운 33평으로 이사 간다고 자랑했다. 걘 내가 어디 사는지 다 안다. 학교에서 서해빌라로 가려면 꼭 우리 집 앞을 지나기 때문이다. 자기네 이사 갈 집이 18층인데, 거기서 보면 우리 집이 다 보일 거라고 했다. 거기다가 자기가 이사 가면 우리보고 아파트 놀이터에서 놀게 해 줄 거라고 말했다. 솔직히 말해서 때리고 싶었다. 그래도 참았다. 집에 오다가 아파트 공사장에다 돌멩이를 던졌다. 다행히 경비 아저씨한테 들키지 않았다. (2001년 3월 2일)

일기가 끝난 시점까지 상희네는 이 쪽방촌을 떠나지 못했다. 진숙이는 이 동네를 떠났지만 집 나간 엄마, 돈 벌러 떠난 아빠와 헤어져 보육원으로 옮겼다. 그리고 앞에서도 언급한 것처럼 만석동 쪽방촌 옆에도 대단지 아파트가 들어섰다. 2002년 준공한 만석비치타운이다. 2014년, 이 책은 『똥바다에 게가 산다』로 제목이 바뀌어 재출간되었다. 📖

화수동
쌍우물길

이웃, 그리고 동네

　　화도진에 배속되었던 군졸 '동이'가 쌍우물로 물지
게를 지고 나르면서 마을 처녀 '정이'와 눈이 맞아 사랑을 나누게 되
고 둘은 혼인을 맹서한 사이가 되었으나 얼마 안 있어 지방에서 민
란이 일어나게 되자 신정희 장군 휘하로 차출되었으며 전투 중 사망
하였다는 소문을 접하게 되었다.

　정이는 망연자실한 나날을 보내던 차에 설상가상으로 부모가 정해
준 마음에도 없는 혼처로 시집을 가야 하는 딱한 처지에 놓이게 되
었다. 식음을 전폐하다시피 괴로움으로 몸부림치던 정이는 문득 "쌍
우물이 영험하다"는 이웃집 할머니 이야기를 듣고 나서 쌍우물에서
길어 온 정갈한 물 한 사발을 놓고 새벽마다 소원을 빌었던 것인데,

그런 지 두 달 만에 죽은 줄 알았던 동이가 오히려 공을 세워 나라로부터 큰 상을 받고 무네미에 나타나 정이를 데리고 갔으며 아들만 내리 셋을 낳고 잘 살았더란다.

화수동 쌍우물에 관한 전설이다. 무네미. 물넘이. 바닷물이 넘어 들어왔다고 해서 붙은 '무네미'는 인천 동구 화수동의 옛 이름이다. 기실 무네미는 인천의 오래된 아랫동네 모두에 해당하는 별명일 터이다. 송현동과 화수동, 화평동을 가로지르는 지금의 수문통로는 이전에 수문통, 또는 갯골이라고 부르던 하천이었다. 만석동부터 바닷물이 여기까지 흘러들었는데, 물이 들고 나는 수구문이 있어서 수문통이라 불렀다고 한다. 비가 오거나 물이 불면 걸핏하면 바닷물이 넘쳤다. 이 수로변에 세워진 중앙시장에서 50년 가까이 속옷 장사를 해 온 단골상회 정정자 사장은 "장마 때만 되면 물이 넘쳐 가마솥단지로 물을 퍼내던 기억이 생생하다"고 증언한다.

만석동처럼 화수동 일대에도 갯골 매립으로 만들어진 땅이 많다. 수문통 갯골은 일본인 기업가 요시다가 1939년부터 5년 동안 11만㎡가 넘는 땅(3만 3,325평)을 매립하면서 화평동에서 배다리까지 기역 자로 꺾이는 하수로를 뚫고 하류에 수위 조절 수문을 설치해 바닷물을 막았다고 한다. 그리고 이곳에 공장들을 유치하면서 지금의 기부체납 형식으로 제3보통학교, 즉 지금의 송현초등학교를 설립했다고 한다.

앞의 전설에 등장하는 쌍우물로는 송현초등학교 앞에서 시작된다. 1960~1970년대 화수동의 최고 번화가, 지금의 조용한 주택가로 이어지는 길이다. 화수동 역시 언덕이 많은 동네지만 송림동 수도국산 산동네처럼 가파르지는 않다. 골목들 역시 만석동 쪽방촌이나 송림6동 판잣집 골목마냥 빽빽하지 않다. 함께 인천 동구 골목 투어를 하며 길을 안내한 인천골목문화지킴이 이성진 대표는 "일반적으로 두 사람이 적당히 거리를 두고 걸을 수 있는 1.8미터 정도의 폭을 가장 적당

수도국산이나 팽이부리말보다 아늑한 느낌을 주는 화수동 골목길

한 골목 너비로 보는데, 화수동에는 그런 골목이 많아서 인천에서도 가장 아름다운 골목이 많은 동네"라고 소개한다.

송림동 샛골 골목과 또 다른 특징이 있다. 샛골의 좁고 구불구불한 골목들은 한번 들어오면 원래 왔던 길로 되돌아갈 수 없을 정도로 복잡하지만 반드시 어디론가 통해 있다. 골목을 걷다 보면 예상과 다른

엉뚱한 곳일지언정 큰 도로로 빠져나오게 되어 있는데, 이곳 주택가에는 막다른 골목이 꽤 많이 눈에 띈다. 골목 끝이 이어져 있지 않고 집으로 막혀 있는 것은 중국과 우리나라에만 나타나는 골목의 형태라고 이 대표는 다시 설명했다.

골목을 걷다 보면 재미난 모양의 집들이 종종 등장한다. 사각의 벽이 아니라 오각, 육각으로 생겼다. 화수동뿐 아니라 숭의동, 송현동의 오래된 골목에서도 이런 집들을 어렵지 않게 만날 수 있다. 좁은 골목만 있던 곳에 소방도로를 내는 과정에서 일부가 싹둑 잘려나간 집들이 남은 공간에 벽을 둘러 특이한 모양이 된 것이다.

이전의 쌍우물길 한가운데에 이 동네의 터줏대감인 강화쌀상회가 있다. 1970~1980년대만 해도 어느 동네에서나 과일 가게, 동네 구멍가게와 함께 동네 주민들의 출퇴근길을 지키던 곳이 쌀집이었다. 강화쌀상회 옆에는 강화부동산중개인사무소가 있다. 인천 골목의 역사와 오늘을 소개하는 『골목, 살아[사라]지다』 화수동 편을 보면 두 가게의 사연이 소개된다. 본래 강화도 사람이 40년간 운영하던 쌀가게를 김송자 사장이 1978년 인수했다. 주변에 공장도 많아서 들고 나는 사람들이 많은 동네라, 사람들이 쌀을 사러 왔다가 셋방 사정을 물어보곤 했다고 한다. 이 사람 저 사람에게 들은 정보로 방 뺄 사람과 구하는 사람을 연결해 주다가 아예 옆집에 부동산 간판을 내걸게 된 것이라고 한다. 김 사장은 하루에도 두세 건씩 거래를 성사시켰는데, 수첩에 거래자들의 인적 사항이 이렇게 적혀 있다고 한다.

귀퉁이가 잘려 나간 집.
달동네에는 소방도로를 내기 위해 좁은 골목을 확장하는 과정에서 잘려 나간 벽을 메운 독특한 모양의 집들이 많다.

백구두 할아버지, 이빨 빠진 키 큰 아저씨, 천식 있는 아줌마, 귀걸이 많은 아줌마, 원룸 노처녀, 예쁜 제주도 색시, 경숙이 이모, 미릉 아파트 사는 젊은 엄마……

'동네'의 정서적인 결을 이보다 잘 보여 주는 리스트가 있을까. 요즘의 부동산 거래자들은 1동 902호, 105동 1401호 같은 숫자로만 불린다. 그런데 이곳에서 거래자들은 이름보다 더 구체적인 인격으로 호명된다. 사장님은 외우기 힘든 이름보다 빨리 그 사람을 떠올리는 방법으로 특징들을 적어 놓았을 터이다. 백구두, 이빨 빠진 모습, 늘 예쁘

화수동 터줏대감 강화쌀상회

게 귀걸이를 한 얼굴……. 그리고 이들을 통해 원하든 원치 않든 그 사람의 삶과 조금씩 관계 맺게 되었을 터이다. 이빨 빠진 입을 벌리고 벙긋 웃는 키 큰 아저씨가 지나가는 모습을 보면서 "좋은 일 있나 봐요?" 말걸고, 예쁜 제주도 색시의 얼굴에 진 그늘을 보면서 '집안에 우환이라도 생겼나' 걱정해 주는 사람들, 이웃이다. 그리고 그 이웃들이 어울려 사는 곳, 동네다.

사라져 가는 걷기 좋은 골목들

쌍우물로의 끝에 우물이 있다. 우물을 중심으로 골목 여럿이 뻗어 나간다. 바꿔 말하면, 골목들이 이쪽에서 모두 만나는 모양새다. 외국의 광장과 같은 구조다. 동네의 구심점이었다는 징표다. 지금의 모습은 구청에서 새로 복원한 것인데, 위압적인 크기와 높이가 그 옛날의 정감까지 되살려 놓지는 못했다.

"80년대 말까지만 해도 도르래 걸어 놓고 동네 사람들이 썼어요. 그러다 길을 내면서 공사장 차가 들이받아 허물어졌지."

선친 때부터 이곳에 살아온 화수동 토박이이자 우물 바로 옆 건물에 살면서 우물 관리인을 자처하는 이보형 씨(1950년생)가 말을 건넨다. 이 씨는 이 우물 앞쪽 도로 건너편 '화수설비' 상가 건물에 짝을 이루는 우물이 있었다고 말했다. 1960년대에 건물을 지으면서 상대적으로 물

우물가에서 화수동 옛이야기를 나누는 인천골목문화지킴이 이성진 대표와 주민 이보형 씨

나오는 게 시원찮았던 우물 하나를 매립했다가 이 씨 등 주민들이 쌍
우물보전위원회를 만들어 우물 복원을 추진한 끝에 2015년 여름, 반세
기 만에 '쌍우물'이라는 동네 이름에 걸맞은 모양새를 회복하였다.

 "이 우물은 마른 적이 없어요. 송월동에서도 여기까지 물 뜨러 왔
 으니까. 수도가 들어오지 않았을 때 새벽 세 시부터 물지게 지고 줄
 서서 떠 가는데도 다음 날 금방 차올라."

 지금은 아이들에게 위험해서 뚜껑을 닫아 두었지만, 수도를 연결해

아직도 우물물을 쓰고 있다. 우물 바로 옆 신태양헤어숍 주인인 아내 박희순 씨도 거든다.

"시어머니 말씀으로는 육이오전쟁 때 미군들도 이 동네를 지나면서 이 우물물을 마셨다고 하더라구요."

이보형 씨는 이 곳에 태어나 살면서 해운회사(우련통운)에서 하역 일을 20년 동안 했다. 그러다가 허리를 다쳐 집에서 쉬다가 11년 전부터 현대제철에 다니고 있다. 혈색 좋은 얼굴과 달리 소음 심한 공장에서 10년 넘게 일하며 귀가 많이 어두워졌다.

"아버지가 왜정 때 세관에서 일을 하셨어. 돈 벌려고 작정하면 많이 벌수 있었을 테지. 어떤 날은 중국 사람들이 큰 가방에 돈다발을 가득 넣어 가지고 왔더라구. 다음 날 돌려보내셨어. 가끔 챙겨 오시는 게 중국 술 빼갈이었는데 술 좋아하는 뒷집 노인네한테 갖다 드렸어. 아버지는 술 안 드시니까."

8남매 중 막내인 이 씨는 이 집에서 부모님을 돌아가실 때까지 모셨다. 1990년에 새로 길을 내면서 집이 반 정도 헐릴 때 떠날 생각을 잠깐 했었다.

"그때 떠났으면 나도 돈 좀 벌었을 거야. 그때 우리 집 팔면 아파트

두 채 정도는 살 수 있었거든. 그런데 어머니가 이 동네에서 살고 싶다고 하셔서 포기하고 여기에 새로 집을 지었지. 지금 팔면 아파트 한 채도 못 사.(웃음) 그래도 후회는 없어."

화수동 마을의 구심점인 쌍우물 주변부터 동네 분위기가 조금씩 바뀐다. 낡았지만 단층집들이 차분하게 자리 잡은 아랫동네와 달리, 안으로 들어갈수록 빌라들이 늘어난다. 빌라들이 들어선 화수안로 쪽 골목은 옛 모습 그대로임에도 불구하고 아늑하고 포근했던 느낌은 사라지고 답답하고 어둑한 그림자가 늘어났다. 빌라는 화수동 안쪽에서부터 조금씩 아랫동네로 내려오면서 늘고 있는 형국이다. 그만큼 걷기 좋은 골목들도 사라져 간다는 이야기다. 📝

송림동
달동네

망가진 원경, 정겨운 근경

버스로 통학하던 고등학교 시절, 손잡이에 매달려 보던 차창 밖 풍경은 하나의 장면으로 남아 있다. 멀리 산꼭대기에서 아래쪽까지 다닥다닥 집들이 붙어 있던 모습, 수도국산이었다. 미추를 떠나 허름한 집들로 빈틈없이 채워진 산 전체가 압도적인 인상이었다. 집으로 돌아오는 저녁 버스 창에는 크리스마스트리의 알전구처럼 집집에서 새어 나오는 불빛과 교회의 붉은 십자가들이 빛났다.

수도국산은 지금의 수도국산박물관을 기점으로 송현동과 송림동으로 나뉜다. 2000년대 들면서 단순히 행정상의 구역뿐 아니라 외관도 뚜렷하게 갈라졌다. 송현동 쪽 윗동네 대부분은 판잣집이 헐리고 대단위 아파트촌인 솔빛마을이 들어섰다. 그러면서 꼬불꼬불한 골목과 낮고 허름한 집들이 만들어 내던 공간적 리듬이 산산조각 났다. 산꼭대기에 세워진 고층 아파트는 시각적으로 당혹스럽다. 높은 곳에 짓는 더 높은 건물은 위압적이고 이질적이다. 주변과의 조화 따위는 아랑곳하지 않겠다는 결연한 다짐처럼 보인다. 비단 수도국산 동네만의 문제는 아니다. 서울의 달동네 중 하나인 아현동을 재개발한 아현뉴타운도 여기보다 더하면 더했지 덜하지 않다. 개발은 곧 고층 아파트 건설이라는 도식이 생긴 지 불과 반세기도 안 되었지만, 무엇보다 강력한 유전자로 사람들의 생각 속에 뿌리박힌 것 같다. 게다가 아래쪽에는 배다리 쪽으로 짓다가 건설이 중단된 산업도로 터널이 웅크린 괴물처럼 자리 잡고 있다. 기실 배다리 방향에서 바라보는 수도국산은 불구의 풍경이라고 해도 지나친 호들갑은 아니다.

원경은 비록 망가졌지만, 근경으로 들어가면 추억과 시간을 머금은 채 정겹게 남아 있는 건물과 집들이 아직도 많다. 인천의 근현대사를 연구하고 주요 사적지와 건물들을 답사하는 '인천골목문화지킴이'에서는 송림동에 '노동자, 서민들의 애환이 담긴 달동네 길'을 답사 코스로 만들어 많은 이들에게 수도국산 달동네의 골목길들을 소개해 오고 있다.

송림동에는 옛날부터 '안송림'이라고 구분해 부르는 지역이 있었다. 현대극장 뒤편의 주택가를 이르는 말이다. 본래 모든 산동네가 그렇듯 이곳도 위로 올라갈수록 더 좁고 경사진 골목이 많고 집들도 점점 허름해졌다. 아랫동네인 안송림은 비교적 기와집 등 반듯한 집들이 많았고, 가까이 시장이나 극장 같은 편의 시설도 있었다. 대신, 지대가 낮은 탓에 장마 때는 갯골을 통해 동네 가까이 들어오는 바닷물이 범람해 물난리를 겪기도 했다고 한다.

수도국산 아래 솔빛로에서 안송림 쪽으로 내려가는 길에는 비좁은 골목과 상대적으로 널찍한 골목들이 혼재해 있다. 널찍한 골목은 소방도로를 만드느라 이미 있던 집을 헐고서 닦은 길들이다. 지금의 집들에 비하면 형편없이 작지만, 그래도 정갈하게 수리하고 관리한 주택들이 많이 있다. 기와집이건 판잣집이건 예외 없는 공통점은 골목골목 집마다 화분을 여러 개 내놓고 꽃이며 나무며 고추며 파며 키우고 있다는 것. 송현동주민센터에서 내려오는 길의 집들은 저마다 크고 작은 화분을 담벼락 가득 세워 놓아 길 전체가 정원이다. 노란 소국이 가득 핀 화분, 이름 모를 붉은 꽃들이 푸른 가을 하늘 아래서 한 폭의 그림을 만든다. 집주인이 매일 이곳을 지나는 사람들에게 주는 뜻밖의 선물이다.

솔빛로에는 1956년 지어진 송림동성당이 있다. 명수대성당과 혜화동성당 등을 설계한 우리나라 1세대 건축가 이희태의 작품으로, 종탑과 본당이 구분된 독특한 구조다. 송림동에서 처음 지어진 이 성당에 1950~1960년대에 가톨릭구제회에서 밀가루, 헌 옷 등 구호물자를 보내 주었는데 그걸 받으려고 성당에 나오는 신자들이 많아서 '밀가루 신자'라는 별명까지 생겼다. 송림동 터줏대감으로 60년 동안 가난한 이웃들의 건강을 돌보았던 배다리 지성소아과 김관철 원장(1918~2010)의 막내아들인 가수 김광진 씨도 어린 시절 일요일마다 성경책을 들고 이 성당에 다녔다고 한다.

송림동 성당 아래쪽에 있는 해방 기념 우물 터. 우물은 메워졌고 기념석만 남아 있다. (사진: 박미향)

　좀 더 내려가면 주택가 한가운데 작은 공터 같은 게 있는데, 동네 사람들의 식수를 책임졌던 해방우물 터다. '4280년(1947) 7월 1일 해방 기념 개축'이라고 희미하게 쓰여 있는 비석만 민가의 담벼락에 붙어 있어 당시 해방을 기념해 판 우물이었음을 알게 해 준다. 우물은 메워지고, 지금은 '다라이'부터 스티로폼 상자까지, 동네 사람들이 가져다 놓은 온갖 화분들이 그 터를 채우고 있다.

　우물 터 근처 골목에 아는 사람만 아는 오래된 맛집이 하나 있다. 간판도 없이 주택가의 한 집을 식당으로 만든 곳이라 지나치기 쉽다. 유심히 보고 나서야 유리문에 빛바래고 어눌한 선팅 글씨로 '옛날 보리

팔순 넘은 주인 할머니와 며느리가 직접 만두를 빚고 국수를 뽑는 식당 '옛날 보리밥'

밥'이라고 적힌 것을 알 수 있다. 팔순을 넘긴 주인장 박재남 할머니가 1979년부터 지금까지 아침이면 문을 열고 며느리와 함께 만두를 빚어 식당을 꾸려 나간다. 늦은 점심으로 칼국수와 만두가 들어 있는 '칼만두'를 주문했다. 본래 보리밥집으로 시작한 이 식당은 지금은 만둣국으로 더 유명한데, 충청도 출신의 주인 할머니는 시집올 때까지 만두를 구경한 적도 없었다고 한다. 강원도 출신 영감님에게 시집와서 만두를 빚기 시작했다. 지금은 며느리와 한 번에 천 개 정도 만두를 빚는데, 포장으로 사 가는 사람도 많아 설 앞두고는 손이 더 바빠진다. 여름엔 콩국수 손님이 많다. 새벽 다섯 시부터 서너 시간 콩을 갈아 국물을 내고 면까지 직접 반죽해 뽑는다. 제법 입소문이 나서 근처 경찰들도 단체로 자주 오는데, 한번은 우르르 몰려오는 경찰을 보고 이웃들이 집에서 나와 "할머니네 무슨 일 났어?" 잔뜩 걱정을 하기도 했다. 1,500원 하던 보리밥이 4,000원으로 오르는 동안 꾸준하던 매상이 요새는 시원찮다.

"옛날에는 일꾼들 저녁 손님이 많았어요. 노인들도 아침 먹으러 오고. 지금은 불황이라 그런지 많이 줄었어."

배추가 자라고 꽃이 피고

안송림 옆의 현대시장을 지나 샛골로와 송림로 안쪽, 육송로로 이어지는 골목들은 아직도 옛날 모습이 그대로 남아 있다. 옛날에 도둑이 이 골목으로 숨어들면 잡을 수가 없어 경찰이 되돌아갔다는데, 그럴 만하다. 한 사람이 겨우 지나갈 만한 골목이 핏줄처럼 얽히고설켜 있다. 한번 들어온 길을 되찾아 가기는 불가능해 보이지만, 모든 골목은 연결되어 반드시 빠져나오게 되어 있다. 엉성해 보이는 겉과 달리 매우 정교하게 짜 놓은 미로 같다.

송림동에서 빈집이 가장 많은 이 지역의 집들은 엉성하게 짓고 덧바르고 올리면서 얼기설기 확장된 모습 그대로다. 축대가 아니라 울퉁불퉁한 바위에 올라선 집들도 있다. 흙벽에 살짝 바른 시멘트가 벗겨지면서 흙벽이 드러난 집도 있다. 곳곳에 무너진 채로 방치된 집들이 많다. 다른 곳에 사는 주인들이 보상을 받기 위해 사 두고는 수리 보수를 포기한 집들이 대부분이다. 본인들은 그저 묻어 둔 땅이겠지만, 동네 사람들에게는 안전과 치안 면에서 위협적인 존재다. 하지만 사유지이기 때문에 구청에서도 함부로 정리를 하지 못한다고 한다. 빈집들은 동네 쓰레기장으로 전락한다. 안 그래도 여름이면 동네 전체에 악취가 번지는데, 이런 곳들 때문에 더 심해져 주민들에게 고통을 주고 있다. 안송림 정도의 여유가 느껴지지는 않지만, 비좁은 골목길에 길쭉하게 낸 텃밭에 일렬종대로 심어 놓은 열무를 보노라면 감탄이 나올 지경이다. 사람 사는 곳이면 어디든 생명은 자랄 태세가 되어 있다.

산꼭대기에서 전망을 보기 위해 빈집 2층 옥상을 올라갔다 내려오는데 "사다리 다 썩었을 텐데, 위험하니 올라가지 말라"고 한 할머니가 참견을 한다. 학생들이 자원봉사 나와 좁은 골목길에 일렬로 서서 연탄 배달을 한 이날, 당신 집에는 연탄 소식이 없어 나와 봤다는 석온선 할머니(1931년생)다.

황해도 송화군 출신의 할머니는 스무 살에 초도로 시집가 살다가 한국전쟁이 터져 백일 지난 큰아이를 들쳐 업고 피난을 내려왔다.

"배 타고 진도까지 내려갔는데, 거기서는 못 살겠어서 다시 올라와 용유도에 살다가, 만석동에서도 좀 살다가, 신포동에서도 잠깐 살다가 여기로 오게 됐어. 그게 벌써 50년도 지난 이야기여."

석 할머니가 이곳에 처음 왔을 때만 해도 맨 쑥대밭이었다. 배 밭도 있었다. 일가친척 하나 없는 이곳에 방 하나 부엌 하나 있는 판잣집을 지어 이사 왔다. 일흔일곱에 먼저 세상 뜬 영감님이 인천에 올라와 첫 사업으로 운수업을 할 때에는 밥은 굶지 않았는데, 새로 시작했던 사업들이 족족 망하면서 이 동네로 이사 와서는 밥 굶는 날도 종종 있었

수도국산 인근에 서로 기대어 방치된 송림동 주택.

다고 한다.

"식구들은 밥 굶고 있는데 떼먹힌 돈은 달라 소리 한번 못 해. 내가
아무리 뭐라고 해도 남자들이 어디 여자 말 듣나. 그때부터 막노동
에 나가기 시작했지."

할머니는 동네 아낙들이 그랬듯 만석부두에서 배 타고 영홍도나 십리포까지 가서 여름에는 바지락을 캐고, 겨울엔 굴을 땄다. 뜨끈하게 찐 굴과 바지락 국물은 고기 반 근 사기 어렵던 시절에 새끼 새처럼 입벌린 다섯 아이들의 요긴한 보양식이 되어 주었다. 재작년까지만 해도 바다에 나갔는데, 무릎 수술한 뒤로는 동네 시장 걸어가는 데도 서너

좁은 골목에서도 주민들은 텃밭을 가꾼다.

번을 쉬어야 할 정도로 몸이 쇠했다.

"이 동네는 황해도 사람이 특히 많았어. 만두, 메밀국수, 백김치,
동치미 같은 거 모여서 많이 해 먹었지. 다들 동네 뜨고 세상 뜨고
나만 남으니 이제 동치미도 안 담가. 옛날 같은 맛이 안 나."

할머니는 그래도 먼저 세상 뜬 딸이 남긴 손녀와 둘이 살지만, 송림
동 판자촌에는 홀로 살아가는 노인들이 많다. 이들은 아픈 다리를 절
뚝이고 저린 손을 주무르며 화분에 물을 주고 손바닥만 한 땅에 배추
를 심는다. 평생을 힘들게 살아오고 노년이 된 뒤에도 크게 달라지지
않은 처지의 이들이 뿜어내는 온기로 달동네에는 아직도 봄여름 가을,
꽃이 핀다.

수도국산
달동네
박물관

박물관 탄생의 아이러니

　　　　춥고 힘들고 서럽고 부끄러웠던 기억이 '추억'으로 다시 호출되는 곳. 그곳에 수도국산달동네박물관이 서 있다. 제1종 근현대생활사전문박물관으로 2005년 10월 동구 송현동 163번지에 문을 열었다.

　수도국산 꼭대기, 그러니까 수도국이 들어서고 일본인들에게 쫓겨온 조선인들이 모여 살기 전까지 소나무가 많아서 '송림산' '만수산'이라고 부르던 58미터 높이의 야트막한 산 정상이다. 인천뿐 아니라 전국적으로도 유명한 달동네에 달동네박물관까지 들어섰으니 이제 수도국산은 명실상부한 전국 대표 달동네가 되었다. 그리고 그것을 부끄럽지 않게 받아들일 만큼 우리는 긴 시간을 떠나왔고, 아팠던 시절을 웃

2005년 개관한 수도국산달동네박물관 전경(사진: 박미향)

음으로 되돌아볼 수 있게 되었다.

　송림산이 수도국산으로 불리기 시작한 지도 벌써 100년이 넘었다. 1910년 일본인들이 인천과 한강의 노량진을 잇는 상수도관을 부설해 인천 지역에 수돗물을 공급하면서부터다. 당시 산꼭대기에 배수지를 설치해 노량진의 수원지로부터 원수를 공급받아 수돗물을 담아 두었는데, 그걸 두고 수도국산이라고 불렀다는 것이다. 송현배수지는 지금도 동구 일원과 중구 일부 지역에 급수를 하고 있으며, 원통형 콘크리트 구조가 잘 보존된 제수변실은 인천의 근대문화재로 지정되었다.

　수도국산박물관의 탄생 배경은 좀 아이러니한 면이 있다. 박물관과 함께 주변에 조성된 송현근린공원은 옆 송현동 쪽 달동네를 재개발해

인천 송현배수지 모습이 담긴 일제강점기의 사진엽서(사진 제공: 수도국산달동네박물관)

솔빛마을 주공아파트 단지를 지으며 기부체납 형식으로 완성된 문화·복지시설이다. 달동네박물관을 만들면서 정작 달동네는 파헤쳐져 버린 것이다. 물론 이 지역의 판잣집들은 옆집 마루와 안방을 통해야 자기 집에 들어갈 수 있는 집이 있을 정도로 다닥다닥 붙어 있던 터라 보온, 방음, 위생 등의 면에서 최소한의 쾌적성도 갖추지 못한 열악한

주거 환경이었다. 무조건적인 보존을 앞세우기는 힘든 곳이었지만, 지역성이나 주변 환경, 경관과의 연관성에 대한 고려는 하지 않은 채 기계적인 방식으로 고층 아파트를 세우니, 수도국산의 손바닥만 한 집과 꼬불꼬불한 골목들이 가지고 있던 미려한 조화와 리듬이 한순간에 무너진 셈이다.

달동네박물관의 아이디어를 낸 것은 '해반문화사랑회'라는 지역 시민문화 단체였다. 1994년 발족해 인천의 근대건축물 보존이나 중국인 거리 활성화, 원도심 살리기 등을 위해 노력해온 이 모임은 일대의 집들이 헐려 나가는 것을 아쉬워하며 박물관 조성을 제안했다. 이들은 철거 과정에서 버려진 문짝이나 문패, 가구, 생활용품들을 모으기 시작했고 헐리는 모습을 카메라에 담았다. 해반 모임과 함께 머리를 맞댄 동구청 직원들이 적극적으로 나서 실행에 옮겨지기까지 "일일이 이름을 모두 열거하기 힘들 정도로 많은 구청 관계자들이 애를 썼다"고 해반 회원인 이홍우 박사가 〈수도국산달동네박물관〉 상설 전시 도록에 쓴 것을 보면, '달동네'에 대한 많은 사람들의 부정적

선입견과 싸우는 작업이 얼마나 어려웠을지 짐작이 간다.

박물관건립자문위원회는 전문가들뿐 아니라 수도국산에 뿌리내리고 살았던 평범한 서민들의 이야기에도 귀를 기울였다. 전시관에 재현해 놓은 '대지이발관'의 박정양 사장이나 수십 년 살던 집이 헐린 남기영 할아버지 등 주민 여럿이 적극적으로 자문에 응했다.

"저거 딱 나네, 나 어릴 때"

수도국산박물관은 인천 지역의 어느 박물관보다도 많은 관람객이 찾는 곳이다. 휴일이면 하루 1,500명 가까운 입장객 수를 자랑한다. 웬만한 대형 종합 박물관 못지않은 인기다. 할아버지가 손주 손을 잡고 오기도 하고, 이제는 이 동네를 떠난 60대 여학교 동창생들이 삼삼오오 모여서 관람을 하기도 한다. 근처 유치원 등에서도 단체 관람을 온다. 인기가 많은 것은 많은 개인의 추억과 역사가 달동네와 얽혀 있어서이기도 하지만, 실존 인물 중심의 이야기와 전시 방식이 유리벽 안에 전시물을 늘어놓는, 기존 박물관들의 평면적 전시 방식보다 흥미진진하기 때문이다.

이북 피난민 출신으로 송현동 56번지에 살면서 조선기계제작소에 다니다가 퇴직 이후 수문통 일대를 청소하고 송현동 주변 폐지를 줍는 등 어려운 살림에도 많은 선행을 베풀어 지역 신문에 인터뷰까지 실린 고 맹태성 씨(1917~2000), 달동네가 철거될 때까지 연탄 가게를 하면서 숨이 턱밑에 찰 때까지 산꼭대기 배달을 했던 유완선 씨

(1936~), 황해도 은율에서 내려와 3대째 동인천에서 솜틀집을 해 온 '은율면업사'의 창업자 박재화 씨의 손자인 박길주 씨(1956~2004) 등 세상을 떠났거나 생존해 있는 인물들이 옛 모습 그대로 복원한 가게에서 소개된다. 가게 간판과 빨갛고 파란 이발소 등, 솜틀 기계 같은 수십 년간 쓰던 실물들도 가져다 놓았다. 공동 수도 앞에 관객 체험용으로 양철 물지게가 놓여 있는데, 물을 채웠을 때의 무게를 맞추어 놓았다는 이 지게는 성인이 지기도 쉽지 않다. 한겨울 속살도 제대로 못 가린 어린 소년이 공동 수도 앞에 긴 줄을 서서 물을 받아 이 무게를 감내하고 꼬불꼬불 언덕길을 올라갔을 생각을 하면 딱한 마음에 코끝이 찡해진다.

박물관에서 눈물짓는 관람객을 만나기는 어렵지 않다. 광주리 이고 장사하러 떠나는 엄마와 애기를 업고 손을 흔드는 단발머리 소녀를 닥

박물관 입구 앞에 설치된 사진 촬영용 세트

종이 인형으로 만든 작품 앞에서 노년의 한 여성이 말하는 목소리가 젖어 있다. "저거 딱 나네, 나 어릴 때."

여성들의 사회 활동이 제한되어 있던 때였지만 곤궁한 삶은 달동네

여성들을 생활 전선으로 내몰았다. 수도국산의 아낙들은 새벽부터 만석부두나 화수부두에 나가 배를 타고 영종도로 영흥도로 가서 여름이면 바지락을 캐고, 겨울에는 굴을 땄다. 만석동에는 여기저기 굴막이

있어 여자들이 밤늦도록 굴을 까서 살림에 보탰다. 성냥 공장과 가내
수공업식의 영세 공장들이 배다리 쪽에 많았다. 박물관의 방 한편에는
온 식구가 붙어 앉아 성냥갑을 붙이는 모습이 재현되어 있다. 살림하
는 여성들은 이처럼 공장에서 집으로 일을 가져와 봉투를 붙이고, 실
밥을 뽑고, 인형 눈을 붙이며 부업을 했다. 더 적극적인 부인들은 재봉
틀을 배워서 봉제 일을 하기도 했다. 중앙시장에서 35년 동안 재봉틀
판매점을 해 온 동아미싱의 지윤숙 사장은 "80년대까지도 주변 봉제
공장에 일이 많아서 아줌마 셋만 모이면 재봉틀을 가져다주고 일을 맡
겼다"고 회상한다. 직장에 나가거나 가게를 하지 않아도 주부들이 가
사노동과 더불어 쉼 없이 일을 했다는 이야기다.

개관 당시 1층만 운영하던 박물관은 2014년 2층을 확장 개관했는
데, 옛날 멋쟁이들이 드나들던 음악다방과 사진관, 김장하던 모습, 풍
로와 밥솥 등 1960~1970년대 집집마다 있던 가재도구들을 전시해
두었다. 1970년대에 유년기를 보낸 터라 전시된 물건 대부분의 용도
를 알겠는데, 어디에 쓰는 건지 도통 모를 물건 하나가 눈에 띄었다.
이곳에서 문화해설사로 활동하는 김순자 할머니에게 용도를 물었더니
"연탄 만드는 기계"라고 한다. 공장용 기계가 아니라 집에서 쓰던 연
탄 기계가 있었단다. 옛날에는 연탄 질이 떨어져 겉이 하얗게 탔어도
깨서 속을 보면 아직 타지 않은 부분이 꽤 남아 있었다고 한다. 그러
면 탄 부분은 걷어 내고 검은 부분만 남겨 두었다가 어느 정도 양이 되
면 가루를 내서 연탄 찍는 기계에 넣고 물을 부어 다시 연탄을 만들었
다고 한다. 구멍 난 고무신이나 냄비도 때워서 쓰고, 어머니가 털실로

짜 준 스웨터가 동생에서 동생으로 조끼가 되고 털바지가 되기도 하면서 무한하게 이어지던 재활용의 시절에 연탄도 예외가 아니었던 모양이다.

박물관을 나오면 탁 트인 시야로 송림1·2동 아랫동네와 남구로 이어진 인천의 전망이 한눈에 들어온다. 왼쪽에 지어진 솔빛마을 아파트 말고도 지금은 재능대학으로 바뀐 선인재단 인천대 쪽에도 고층 아파트 단지가 펼쳐져 있고, 그 옛날 〈성냥 공장 아가씨〉라는 질 나쁜 유행가를 만들어 냈던 성냥 공장도 고층 빌딩으로 바뀌었다. 그러나 바로 아래쪽으로는 그 옛날의 좁은 골목들과, 날아갈 듯 얇은 슬레이트 지붕 위에 타이어며 온갖 잡동사니를 올려놓은 슬레이트 집들이 아직도 남아 있다. 과거이면서 현재이고 또 미래가 될 달동네의 얼굴이다. 📓

인천의
첫 번째 쇼핑몰,
중앙시장

갈대밭이 인천 최대의 시장으로

중고등학교 시절, 중간고사와 기말고사 마지막 날에 는 어김없이 극장에 단체 관람을 갔다. 주요 개봉관들에서 각각 다른 영화를 보았지만 어디를 가든, 무엇을 보든 늘 시작은 '형제사' 광고였 다. 어린아이가 보기에도 조잡하고 유치한 만화 광고였다. 형제사는 중앙시장의 배다리 쪽 대로변에 있던 금은방이었다. 그곳에서 금은을 살 일은 없는 학생이었지만, 극장 광고를 반복해 보면서 형제사만은 어쩐지 동네 구멍가게처럼 친근하게 여겨졌다.

수도국산 주변에는 시장이 많다. 인천 최대 규모의 시장인 중앙시장 을 비롯해 동부상가·궁현상가 등 여러 시장이 합쳐진 대형 시장인 현 대시장, 중앙시장 맞은편 옛 수문통 근처의 송현시장 등이 산동네를 둘러싸고 있다. 그만큼 이 지역에 많은 사람들이 살았고 경제활동도 활발했다는 이야기다.

특히 중앙시장은 근처 지역민뿐 아니라 북구나 서구, 김포, 강화나 멀리 섬에 사는 사람들도 찾아오던 시장이었다. 식재료 같은 일용품보다는 고급 외투나 이불, 한복처럼 큰맘 먹고 장만하는 물건들을 파는 곳이었기 때문이다. 특히 중고등학교 입학을 앞둔 학생이나 결혼 날짜를 받아 놓은 신부라면 어머니와 함께 반드시 들르는 시장이었다. 교복을 맞추는 양장점들이 늘어서 있었고, 그릇부터 밥상, 이불, 한복까지 한 번에 혼수 일습을 장만할 수 있는 곳이었기 때문이다.

인천시립박물관은 2013년 인천시 생활문화 학술 조사의 일환으로 중앙시장에 관한 조사 보고서 『인천 중앙시장』을 발표했다. 보고서에는 중앙시장의 탄생 과정이 상세히 기술되어 있다. 고일 선생이 『인천 석금』에서도 서술했듯이, 중앙시장 자리는 갈대밭이었다고 한다. 훨씬 더 전, 조선 시대에는 논이었는데, 갑신정변 때 일본군에 의해 송현동으로 쫓겨난 이주민들이 빨래하면서 양잿물이 섞인 물을 논바닥으로 흘려보냈다. 게다가 걸핏하면 바닷물까지 넘쳐 들어와 논이 망가져 갈대밭으로 변했다고 한다.

중앙시장의 시작은 흔히 '양키시장'으로 알려진 송현자유시장이었다. 일본인들이 신포동에 있던 공설 어시장과 채소 시장에 이어 1936년 일용품 공설 시장을 만들었는데, 그게 바로 지금의 송현자유시장 자리에 세운 송현리일용품시장이었다. 일제는 이곳을 대형 백화점처럼 운영하고자 야심 찬 계획을 세우고 1·2 공설 시장보다 훨씬 큰 규

모로 만들었으나 매출이 신통치 않았다고 한다. 대신, 근처에 1938년
부터 밤마다 노점들이 모여서 장사를 하는 야시장이 인기를 끌어 점
포 수가 200개까지 늘어났다. 봄부터 가을까지 운영되던 방식이 1940

년부터 연중무휴로 영업일이 늘어나, 밤마다 거리에 불을 밝히고 사
람들을 불러 모았다. 하지만 태평양전쟁 중에 시장이 폭탄 투하로 인
한 대형 화재를 막기 위해 비워 놓는 '소개(疏開) 공지대'로 지정되면

서 사라지고 만다.

해방 이후 공터에 다시 몰려든 노점상들은 자유시장조합이라는 조합을 만들었고, 자유시장과 송현일용품시장이 합쳐져 중앙시장이 발족하였다. 얼마 뒤 한국전쟁 발발로 또다시 폐허가 되었지만 상인들은 먹고살 길을 찾아 다시 모였고, 1955년에 1층은 상가 2층은 가정집으로 쓰는 연립 형태의 건물을 지어 400여 점포가 그곳에 자리 잡았다. 당시에는 주단, 포목 등을 파는 직물 관련 상점이 가장 많았으며 그다음이 의류, 양품 순이었다.

1960년대 들어 시장이 활성화하면서 한복과 교복, 와이셔츠, 메리야스 가게들도 문을 열었다. '단골상회'도 그때 문을 연, 중앙시장의 터줏대감이다.

"그때 장사 엄청 잘됐지. 문이 앞쪽과 옆쪽에 둘 있었는데, 겨울이나 명절 앞두고는 앞문으로 들어와 물건 사고 옆문으로 나가는 사람들 줄이 만들어지곤 했어요. 그때 중앙시장은 도매 기능도 있어서 백령도나 연평도 같은 섬에서도 물건 떼러 이쪽으로 왔었어요."

남편이 시작한 메리야스 가게를 시집오면서 같이 하기 시작한 전정자 사장(1940년생)의 회고다. '카시미롱' '앙고라'라고 불리던 빨간 내복을 껴입어야 겨울을 날 수 있던 시절이었다. 취직 선물도, 졸업·입학 선물도, 집안 어른과 아이의 명절 선물도 내복이 안성맞춤이던 때이기도 했다.

"한복집 들어서기 전에는 양장점이 훨씬 더 많았어요. 집집마다 코트며 투피스를 화려하게 차려입은 마네킹을 세워 뒀는데, 나중에 한복으로 갈아입게 된 거죠."

물난리는 여름철 통과의례였다. 장마가 오면 매대까지 물이 차 물건들이 다 젖고 솥단지로 가게 안에 들어온 물을 퍼내야 "여름이 시작되는구나 했다"고 한다.

"80년대부터 꺾이기 시작했다고 하지만 아이엠에프 터지고도 2, 3년은 잘됐어요. 주변에 아파트 들어서면서 손님들이 뚝 끊겼지. 젊은 사람들이 마트 가지, 누가 시장 오나요."

매출이 거의 없어진 다른 가게들과 비교하면 상황이 나쁘지는 않지만, 요즘 가게를 찾는 이는 수십 년 단골들뿐이다.

시장이 지금의 모양새를 갖춘 건 1970년대 들어서라고 한다. 주변 하천을 복개하면서 연건평 2,940평, 점포 총 158개, 점포 위 아파트 158가구의 주상복합상가가 1973년 완성되었다. 이때부터 한참 동안 아침부터 가게 문을 두드리는 사람들이 있을 정도로 시장은 북적였다. 근처 은행에서 직원으로 일했던 사람이 귀띔으로 전하는 이야기로는 1980년대 초, 당시 강남 아파트 열 채는 살 수 있는 현금 5억 원을 통장에 넣고 이자 받아 가는 중앙시장 가게 주인들이 많았다고 한다.

재개발 바람 속 시장 살리기 움직임

지금은 한 집 걸러 한 집의 셔터가 내려져 있을 정도로 썰렁하다. 특히 동인천역으로 이어지는 지하상가를 중심으로 멀리 떨어져 있을수록 낮인 듯 밤인 듯 고요하기만 하다. 일부 가게들은 임대료 없는 세를 주기도 한다. 배다리 쪽의 이불집 '송도양행'의 팔순 넘은 사장님도 매일 아침 문을 열지만 공치는 날도 허다하다. 모두 떠난 자리에 이웃처럼, 친구처럼 서로 안부를 챙겨 주는 근처 가게 주인 서넛과 만나는 게 유일한 낙이다.

"완전히 망했지. 요새 다 아파트에서 뜨뜻하게 사는데 결혼한다고 옛날처럼 차렵이불부터 명주솜 이불까지 몇 채씩 싸 가나. 또, 인터넷으로 두드려 보면 싸게 배달까지 해 주는데 누가 시장까지 나오겠어."

주인 할머니는 이불집을 하기 전에 같은 시장에서 아동복 가게를 했다. 아침 여섯 시부터 밤 열한 시까지 가게 문을 열었지만 돈 버는 재미에 힘든 줄도 몰랐다. 여기도 명절이면 줄 서서 옷을 사갔다. 그렇게 악착같이 벌어서 자식 셋 대학 교육까지 시켰다.

"애들 영화초등학교를 보냈는데, 일꾼한테 잠깐 가게 맡겨 놓고 2층 올라가 도시락 싸서 매일 학교로 가져다줬어. 그래서 내가 학교에서 아주 유명했다우. 애들 키가 작았는데, 도시락 가방까지 들고

부흥교복

태양
보
신

교복전문
진미교복
772-8589

신부클럽

스타일
각생복

진미사
학생복

772-8569
426-1170

보
신
원

손님 끊긴 시장 골목

다니면 키 안 자랄까 봐 그랬지."

부자가 되지는 못했지만 시장에서 돈 벌어 자식들 교육시켰으니 더 바랄 게 없다고 사장님은 말한다. 이 말은 시장에서 만난 모든 가게 주인들의 한결같은 말이기도 했다. 새벽부터 밤까지 손발이 부르트도록 일하는 단 한 가지 이유는 자식 교육이었고, 자식들이 번듯한 대학생이 되면 그것으로 충분한 보상이었다.

2007년 동인천역 주변이 재정비 촉진 지구로 지정되고, 2010년에는 재정비 촉진 계획이 결정되었다. 이듬해 송현동 100번지 쪽의 시장 건물 일부가 헐리고 동인천역 북광장이 조성되었다. 이런 과정을 거치면서 안 그래도 침체되었던 시장의 활기가 더욱 급전직하했다. 시장의 일부가 없어진 것일 뿐인데 많은 이들에게 시장 전체가 문을 닫은 것으로 알려졌다.

상인들 대다수는 재개발을 원한다. 대형 마트와 경쟁하려면 번듯한 건물부터 다시 지어야 한다고 생각한다. 그리고 그중 대다수는 이미 은퇴할 나이가 지난 노년이기 때문에 보상금을 받고 떠날 날을 기다리는 중이다.

최근에는 다른 움직임도 조금씩 일고 있다. 배다리의 골목 보존과 재생 운동으로부터 영향 받은 일부 상인들을 중심으로 시장 살리기 사업에 대한 자발적 논의가 시작되었다. 그 결과로 2013년 십여 명의 상인들이 모여 중앙시장 마을협동조합을 탄생시켰다. 이 협동조합은 혼수품 전문 시장이라고도 할 만한 중앙시장의 특징을 살려 첫 사업으로

시장 살리기의 일환으로 협동조합을 만들어 원하는 사람들에게 무료로 전통 혼례식을 치러 주기 위해 만든 초례청

초례청 행사를 실시했다. 원하는 신랑 신부가 시장 안에서 전통 혼례를 치를 수 있도록 한복을 비롯해 결혼식 지원을 하는 것이다. 1979년부터 송림초등학교 쪽 대로변에서 재봉틀 판매업을 해 온 동아미싱의 지윤숙 사장은 열성 조합원이다.

"재개발만 바라보다가 굶어 죽을 수는 없지 않은가, 뭐라도 해야 하지 않나 하는 생각에서 조합을 만들게 되었어요. 볼거리를 만들어 사람들이 오도록 5일장도 준비했고, 초례청도 그런 고민에서 나온 거죠. 재밌게 하려면 할 게 많은데, 가게 주인들도 서로들 생각이 다르니까."

말끝을 살짝 흐린다. 시장 살리기 말고도 조합 사람들이 요즘 주목하는 이슈가 있다. 김포에서 서구 쪽으로 출발해 화수동, 화평동을 지나 신흥로터리로 이어지는 지하 외곽순환도로 건설이다. 6차선 도로가 중앙시장 바로 아래를 관통해 지나가게 된다.

"지하 도로가 만들어지면 그 위에는 공원이나 주차장 말고는 들어설 게 없어요. 주민들이 생각하는 재개발도 물거품이 될 뿐 아니라 시장 자체의 존폐가 기로에 서게 되는 거죠."

지 사장은 나이 든 상인들을 설득해 공청회 현수막을 걸고 개최를 저지하는 등 행동에도 나서고 있지만 역부족을 많이 느낀다.

"상인들에게 중앙시장은 단순한 돈벌이 수단이 아니라 우리가 살아온 동네예요. 이게 없어지면 뿌리가 사라지는 것이나 마찬가지죠. 여기에 평생을 바쳐 온 분들인데, 쫓겨나듯 떠나면 안 되잖아요."

수도국산 주변의 시장들

단속반과의 숨바꼭질

앞 장에서 말한 대로, 중앙시장은 노점상 조합이었던 자유시장과 일제가 만든 송현리일용품시장이 합쳐져 만들어진 시장이다. 일용품시장은 나중에 송현자유시장으로 바뀌었는데, 사람들에게는 양키시장이라는 이름으로 더 익숙하다. 미군정 때 피엑스에서 흘러나온 물건들과 물들인 군복, 침낭 등을 팔면서 양키시장이라고 불리게 되었다. 한때는 커피나 양주, 초콜릿과 코티분 같은 '귀한' 물건을 사려는 사람들로 북적였지만, 수입품이 넘쳐 나는 데다 국산보다 대접받지 못하는 요즘인지라 물건을 사는 사람들은 드물고 영화의 한 장면처럼 은밀하면서도 '추억 돋는' 분위기를 구경하러 젊은 여행자들이 종종 출몰한다.

미군 피엑스에서 흘러나온 구제 물건을 팔던 송현자유시장(양키시장)(사진: 박미향)

본래 건물 안에는 100곳이 넘는 가게가 있었지만 지금은 이 빠진 것
처럼 듬성듬성 비어 있다.

"지난달에도 요 옆집 하나가 비게 됐지. 아흔다섯 먹은 할머니가
가게 마치고 집에 가서 세상 떴거든. 좀 됐는데 저쪽 집도 가게 하던
아흔둘 먹은 할머니가 돌아가셔서 비게 된 거야."

한 평 남짓한 공간을 시간이 멈춘 듯 코티분과 초록색 스킨 브레이
서, 바세린과 허시초콜릿 등 옛날 '쩨'의 대표 상품들로 채워 넣은 허

순영 사장도 이제는 칠십 대 후반에 들어선 나이지만 이곳에서는 한창때인 셈이다. 이곳에는 간판이 없다. 몇 년 전에 사장님이 화가 나서 떼어 버렸다.

"똘똘이네라고 하면 모르는 사람이 없어. 61년부터 여기서 장사하면서 키운 우리 큰아들이 똑똑해서 별명이 똘똘이였거든. 무릎 아픈 데 바르는 일제 연고를 팔았는데, 그게 밀수품이라고 걸렸어. 찾아가서 싹싹 빌었는데 재판까지 가서 벌금 백만 원을 물게 됐지. 아무리 금지 물품이라고 해도 칠천 원짜리 하나 팔았는데 백만 원 벌금을 매기다니. 빽 없고 권력 없는 우리 같은 사람만 별수 없이 당하고 사는 거야."

그때 '똘똘사'라는 간판이 사라졌다.
"옛날에도 단속은 했지만 인정은 있었어." 사람 없는 시장 안에서 사장님은 두런두런 이야기를 꺼낸다.

"안성서 할아버지가 크게 농사를 지었는데, 시골에서 고생 안 시킨다고 중신 자리를 알아봐서 도시로 시집보낸 게 수도국산 꼭대기였어. 시집오니 남편은 군대도 안 갔다 왔고, 무서운 시어머니에 시누이, 중학교 다니는 시동생까지 있었어. 한마디로 사정 잘 모르고 속아서 결혼한 거지.(웃음) 큰애 백일 때 남편이 군대 가고, 식구들 먹여 살리던 시누이도 시집을 가면서 시누이 가게를 물려받은 게 입때

껏인 게지."

워낙 수입 물건이 귀할 때라 처음에는 수입 물건보다 양말, 장갑, '마후라' 같은 잡화를 파는 양품점이었다. 피엑스를 통해서나 부산에서 올라온 나까마(보따리장수)에게 구한 수입품은 담요 아래 깔고 팔았다.

"그때도 단속이 자주 떴지. 애 들쳐 업고 도망치다가 잡혀가기도 여러 번이고. 하루는 단속이 뜬다는데 비가 오는 날이었거든. 비도 오는데 심할까 싶어서 큰돈 주고 받아 놓은 일제 화장품 한 상자를 요 밑에 매대 아래 숨긴 게 딱 걸린 거야."

당시 시어머니가 이번에는 물건 값이 제법 되어서 좀 오래 걸릴 것 같다며 애기 기저귀를 한보따리 싸 주었다는 이야기를 하는 할머니의 눈가가 붉어진다.

"경찰서 가서 조서 쓰는데 어리바리한 여자가 어린 애기까지 업고 앉아 있는 폼이 처량했던지 서장이 지나가다 나한테 고향이며 이것저것 묻더라구. 마침 안성경찰서에서 6년 동안 있었던 양반인 거야. 그분이 살살 하라고 했는지 물건 가격을 반으로 적었어. 경찰 조사 끝나고 트럭 타고 세관으로 옮겼는데, 거기서도 좀 봐주고. 그래서 벌금이 삼만 원으로 줄었지. 그래도 그때 그 돈이면 방 한 칸 구할 수 있을 정도로 큰돈이었는데, 그걸 한 달에 천 원씩 갚게 또 선처해 줬어. 보리

쌀 한 되 살 돈, 시동생 용돈, 애기 갑자기 아프면 병원 갈 돈만 남기고 벌어서 몇 년 동안 갚았지. 그때 생각하면 지금도 눈물 나.”

아침이면 물지게를 지고 물을 받아 와 밥을 짓고, 겨울이면 새끼줄로 고무신을 묶고서 비탈길을 기다시피 내려와 시장으로 출근했다. 그렇게 벌어서 식구들을 먹여 살리고 시동생을 공부시켜 장가까지 보냈다. 남편은 체육 교사를 하다가 정년퇴직했고 아들 셋도 모두 번듯한 대학 나와 교편을 잡고 있으니 더 이상 큰 보람이 없다.

송현시장, 현대시장, 송림시장

송현자유시장 맞은편에서 수문통 쪽으로 조금 이동하면 ‘문화관광형’ 시장이라는 간판을 단 송현시장이다. 1960년에 생긴 이 시장도 노점상들이 모여들면서 시장 꼴을 갖추게 된 역사가 중앙시장과 다르지 않다. 2008년 중소기업청으로부터 문화관광형 시범 재래시장으로 선정되어 90억 원의 예산을 들여 지붕에 아케이드를 씌우고 낡은 설비들을 정비했으며 주변을 하늘공원, 벽천우물공원 등으로 조경해 쉼터를 만들었다. 또, 주민들이 사랑방처럼 드나들 수 있는 카페도 열고 달동네 투어와 연계시키는 노력도 해 왔다.

서울의 통인시장 등 몇몇 재래시장이 이처럼 관광객이나 여행자들을 끌어들여서 활성화를 꾀하는 작업들을 해 왔는데, 가시적 성과가 나타날수록 그늘도 드러나고 있는 모양이다. 이를테면 맛집으로 소개

'문화관광형' 재래시장으로 변신한 송현시장(사진: 박미향)

된 떡볶이집이나 놀러 온 사람들을 위한 업종만 매출이 늘어난다. 상
가 주인은 이렇게 매출이 늘어난 가게를 기준으로 월세를 올린다. 슈
퍼, 과일·야채 가게 등 정작 이곳을 늘 찾는 주민들이 애용하는 가게
들은 놀러 오는 사람들이 늘어나도 매출에 별로 도움이 안 되는데 월
세만 올라가니 결국 오랫동안 터 잡고 일해 온 가게를 빼야 하는 상황
이 되고, 여기에 카페, 식당 들이 들어오려고 하면서 재래시장 고유의
멋이 사라져 가고 있는 것이다. 송현시장은 아직 그런 부작용이나 변
질을 우려할 정도로 가시적인 성과를 보여 주는 것 같지는 않다. 부작
용을 걱정하기 전에 좀 더 많은 사람들이 시장으로 오기를 바라는 게

상인들 마음일 터이다.

수도국산을 넘어 송림4·6동 쪽으로 가는 길, 송림로터리를 낀 안송림 맞은편에 현대시장이 있다. 원예협동조합공판장, 동구상가, 궁현상가, 송육상가, 중앙상가 등이 연합한 형태로 한때 인천 최대의 시장으로 승승장구하던 곳이다. 수도국산을 중심으로 서너 개의 대형 시장이 들어서 영화를 누렸다는 것만으로도 1970년대 이 동네의 기세가 어땠을지 짐작하기 어렵지 않다.

지금은 현대시장만 남았지만, 한때 이곳은 '현대타운'이라고 불러도 손색없을 만한 곳이었다고 한다. 『골목, 살아[사라]지다』 송림동 편을 보면 1960년대만 해도 이 주변은 온통 미나리꽝과 배추밭이었다고 한다. 갯골 물이 흘러들어 범람하기 일쑤였던 사정은 중앙시장 쪽과 다르지 않았다. 여기에 곡마단 천막이 세워지고 원숭이를 앞세운 약장수들이 모이면서 활기를 띠기 시작했다고 한다.

'현대타운'의 시발점은 시장이 아니라 극장이었다. 1990년대까지 '동시 상영관', B급 에로 영화로 학생 관객들을 불러 모으는 것으로 유명했던 현대극장이 1960년대 초 문을 열었다. 그 옆에는 현대예식장도 들어섰다. 싸리재 고개의 신신예식장과 함께 인천의 커플들을 쓸어 모아 이곳에서 부부로 탄생시켰다. 인천뿐 아니라 김포, 강화에서도 결혼식을 하기 위해 이곳으로 몰려들어 주말이면 극장 손님, 시장 손님들과 얽혀 앞길이 인산인해였다고 한다.

현대시장이 정식으로 생기기 전에 먼저 등장한 것이 현대상가였다. 지금은 없어진 현대예식장 뒤편에 남아 있는 2층짜리 독특한 건물로,

중앙시장처럼 주상복합이었다. 빈터였던 이 자리에서 채소 등을 판매하던 노점상들을 내쫓고 1971년 상가를 완공했다. 그런데 당시로서는 집 한 채 값인 300만 원의 분양가 탓인지 제대로 분양이 되지 않아 상권 형성에 실패했다. 그리고 이곳에서 쫓겨난 노점상들이 옮겨서 만든 시장이 동부시장이었으며, 그게 현대시장으로 발전한 것이다.

한쪽은 옷 가게들이, 한쪽은 수산물 가게들이, 한쪽은 채소와 과일 가게들이 블록을 형성하고 있다. 옛날의 영화는 간데없지만, 그래도 일용할 양식을 파는 극장 쪽 상가들에는 사람들이 모인다. 궁현상가 쪽으로 들어가 알록달록한 중년 여성복 가게들을 지나 있는 호떡집에서 중고등학교 시절 분식점에서 먹던 '우무(우뭇가사리를 고추장과 야채 넣고 비빈 음식)'를 팔고 있다. 반가운 마음에 한 그릇 사서 먹으며 요즘

현대시장 안의 한 좌판. 채소에서 생선, 사탕까지 판매 품목도 다양하다.

어떤지 물으니 말도 꺼내지 말라며 팔을 내젓는다.

"여기서 40년 동안 여러 가지 장사 다 했어요. 정육점도 하고, 전자 제품 가게도 하고. 80년대 중반까지는 아주 잘됐어요. 그때가 피크였던 거 같아. 10년 전부터 힘들어지기 시작했어. 아파트 들어오면 다시 살아날 줄 알았는데 더 힘들어진 거야. 다들 대형 마트에 가니까."

분식집은 8년 전에 시작했다. 임씨 성을 가진 사장님은 주차가 가장 문제라는 의견을 냈다.

"주차도 안 되고 화장실도 불편한데 누가 오겠어. 주차 돈 받으면 안 된다고 그렇게 말하는데 해결이 쉽지 않나 봐. 그게 해결 안 되면 어림도 없지."

송림동 인근 '현대타운'에서 사라지거나 힘을 잃지 않고 남은 것은 인천교 쪽으로 이어진 현대제철뿐이다. 송림동 현대시장과는 아무 관계 없는 현대 계열사이니 우연의 일치일 뿐이지만, '끝내 살아남는 것은 대자본뿐인가'라는 착잡한 생각이 드는 건 어쩔 수 없다.

여기서 끝이 아니다. 송림로터리 지나 송림3동 쪽에도 중형 규모의 시장이 하나 있었다. 1950년대 전쟁과 함께 태어났다가 현대시장이 발전하면서 운명이 뒤바뀐 송림시장이다. 이 시장은 인천 상륙작전으로 근처 서림초등학교에 미군이 주둔하면서 그곳에 만들어진 양공주

촌과 함께 조성되었다. 주
변에 시립 도살장이 있어
해장국, 순대국 집들이 많
고 근처 샛골이 부자들의
고급 주택가여서 1950~
1960년대에는 잘나가던 현
대식 시장이었다. 이후 현
대상가와 비슷한 신세가 되
어 2층뿐 아니라 1층 상가
에까지 싸구려 월세 살림집
이 들어섰다. 한쪽 상가 옆
으로는 옛날의 양공주촌과
마주보고 여관 골목이 이어
져 있다.

   그런데 그저 슬럼이나 게
토라고 하기에는 이 건물은
매우 독특하고 예쁘다. 길
쭉한 삼각형 모양의 2층 건
물 가운데에는 작은 광장이 있다. 국내에서는 찾기 힘든 건축양식이
다. 시장이 활기로 넘칠 때 이 광장은 사막 한가운데의 오아시스처럼
활기 넘쳤으리라. 지금은 우울한 분위기의 독립 영화에 어울리는 '포
스'지만 그 상태로도 매력적이다. 지자체들은 주민 문화·복지시설을

양공주촌 옆에 붙어 있던 송림시장. 삼각형 모양의 건물 안에 작은 광장이 있다.

짓는다고 멋없는 신축 건물을 짓기보다는 이처럼 유서 깊고 개성 있는 건물들을 눈여겨보아야 한다. 이 건물을 간신히 채우고 있는 가난한 월세 생활자들마저 다 떠나 버린 뒤에도 여전히 이 건물이 버티고 서 있을까? 📝

우각로에서
배다리까지

아늑하고 아기자기한 산책길

우각로 문화마을과 배다리 헌책방 거리는 중구 차이나타운과 함께 가장 많이 소개되는 인천의 오래된 동네다. 도원역 뒤편 숭의동의 낡고 침체된 주택가에 예술가들과 지역 주민이 합심해 활기를 불어넣은 노력을 담은 우각로 문화마을에서 배다리로 이어지는 이 길은 오래된 골목길이 매력적이고, 아름답고 역사적 가치가 있는 근대 문화재들이 적절히 섞여 있는 데다, 헌책들을 구경하고 절판된 책들을 이따금 '득템'하는 재미도 쏠쏠하다. '전국구' 여행지가 되어 주말이면 발 디딜 틈 없는 차이나타운과 비교가 안 될 만큼 아늑하고 아기자기해 좋다.

일반적으로 배다리에서 출발해 전도관(옛 알렌 별장)까지 가는 방법

예술인들이 동네로 들어온 우각로 문화마을 골목

과 도원역에서 출발해 배다리로 가는 방법이 있는데, 개인적으로는 후
자 쪽이 더 마음에 든다. 아무래도 책을 구경하는 재미는 다른 것들을
둘러본 다음 느긋한 마음으로 느껴 보는 쪽이 더하다는 생각에서다.

　도원역 3번 출구에서 창영동 방향으로 난 새천년로 5번길로 걷다가
우각로 122번길로 우회전한다. 1호선 전철역인 도원역은 1994년 개
통된 비교적 젊은 역이지만, 그 자리는 우리나라 철도사에서 가장 유
서 깊은 곳이기도 하다. 1897년 서울 인천 간을 철도로 연결하는 경인
선 철도 기공식이 도원역 근처에서 열렸다. 그리고 1889년 지금의 동
인천역인 축현역과 부평역을 잇는 우각역이 이곳에 세워졌다. 그런데

우각역은 1906년 역사 속으로 사라지면서 단명했다. 애초에 우각리에 있던 알렌 별장 앞쪽으로 역을 낸 것이 문제였다. 사용하는 이들이 별로 없는 데다, 무리하게 철로를 곡선으로 만들었기 때문이다. 미국으로부터 철도 부설권을 산 일본은 알렌이 떠난 뒤 이 역을 없애 버리고 철도를 직선으로 고쳐 놓았다. 지금은 학교나 대형 쇼핑몰에 연결된 역들이 꽤 있지만, 역도 몇 개 없던 그 시절에 개인을 위한 역을 만들었다니 떠올리기 착잡한 풍경이다. 지금 역 근처 대로변에는 '한국 철도 최초 기공지 비'가 서 있다.

무서운 동네의 화사한 변신

새천년로 5번길 입구 쪽으로 들어서면 언뜻 부산의 감천동이나 통영의 동피랑마을이 떠오른다. 달동네를 지역 명물로 만든 두 마을보다 규모가 작고 알록달록한 느낌도 덜하지만, 역을 바라보고 계단식으로 골목골목이 생겨난 모양이 비슷하기 때문이다. 덜 알록달록해서 인위적인 느낌도 덜하다. 숭의1·3동은 동구 쪽 오래된 동네와 마찬가지로 일제강점기와 한국전쟁을 거치며 형성된 오래된 동네지만, 달동네라기보다는 야채 등을 도매로 파는 '깡시장'으로 유명했다. 그 옛날 숭의동 사는 아이들은 그나마 동네 형편이 좀 낫다고 송림동이나 송현동, 송월동 사는 아이들을 '똥바다' '똥고개' 사는 애들이라고 놀리거나 무시했다고 한다.

소방도로를 만들면서 비교적 넓게 뚫은 새천년로 길을 걷다 보면 초록색 대문 집이 나온다. "힘들 땐 잠시 쉬세요"라고 쓴 벽화가 있고, 그 앞에 벤치를 놓아 둔 집이다. 여기서부터 여행자들의 눈을 즐겁게 하는 화사한 벽들이 나타난다. 행복도서관 앞에서 왼쪽으로 꺾어 좁은 골목길을 올라가면 우각로 문화마을의 중심 지역이 등장한다. 분홍, 연두, 노랑 등의 작은 리본이 가지를 가득 메운 나무 주변으로 공방 '자기랑'과 연극 집단 '삶은 연극', 사진 작업실 등을 표시한 간판에 예쁜 벽화들이 눈에 띈다. 주민들과 도자기 만들기를 하고 아이들과 방문객들에게 체험 수업 기회도 제공하는 '자기랑'은 500원에 커피나 차

우각로 문화마을 도예 공방 '자기랑'

한잔 하면서 쉬어 갈 수 있는 작은 사랑방 같다.

"결혼하고 장수동에 살다가 2011년에 남편, 아이들과 이사 왔어
요. 조용하고 여유 있고 오래된 주택 생활은 밖에서 보는 것과 달리
불편한 점보다는 좋은 점이 더 많아요. 옆뒷집 할머니들이 아이들
예뻐해 주시고 맛있는 반찬 하면 나눠 먹고, 소소한 행복을 많이 느
끼면서 살죠."

공방을 운영하는 유은정 씨는 연극 집단 '삶은 연극'을 이끌고 있는
김종현 대표와 부부 사이다.
재개발 지역으로 지정만 된 채 십여 년 동안 사업 진행이 지지부진해
지면서 빈집들이 늘어나고 빠른 속도로 사람 사는 동네의 온기가 빠져

수도국산에서 바라본 숭의동 전도관(옛 알렌 별장) 건물(사진: 박미향)

나갈 때, 김 씨 유 씨 부부 같은 지역 예술인들이 이곳으로 발길을 옮겼다. 빈집들을 직접 수리해 입주하고 마찬가지로 주변 다른 빈집들을 도서관, 공방, 게스트하우스 같은 시설로 바꾸면서 동네 사람들과 외지인들의 관심까지 모으기 시작했다. 동네 외관이 환해지고 벽화를 배경으로 브이 자를 그리며 사진을 찍는 방문객들이 늘어나면서 우범지대, 무서운 동네라는 별명도 사라졌다.

오래된 주택들의 낮은 지붕과 도원역 건너편으로 보이는 공설 운동장의 원경을 등지고 좁은 골목길로 올라가면 '전도관'이라고 불리는 건물이 나온다. 대지 1,770평에 건평만 660평인 넓은 땅이다. 중구와 동구 일대가 훤히 보이는 탁 트인 전망이다. 개항 이후 주한 미국 공사 신분으로 한국에 온 선교사이자 의사 알렌이 1893년 지은 별장의 터다. 알렌이 떠난 뒤 이완용의 자식을 비롯해 친일파 고관대작들이 별

장으로 사용하다가 학교로, 공장으로, 교회로 쓰임새가 바뀌며 부침을
겪은 뒤 1956년 지금의 '전도관'이라는 이름을 얻게 되었다. 화재로 소
실된 건물을 이때 다시 지었다는데, 원기둥 형태의 2층 정면이 인상적
이던 알렌 별장의 모습은 완전히 사라졌다. 전도관이란 '신앙촌'이라
는 상표, 또는 공동체 집단으로 알려진 천부교(天父敎)의 초기 명칭이
자 대규모 부흥회를 열던 예배당이다. 전도관이 떠난 1978년까지 집회
가 열릴 때마다 엄청나게 사람들이 몰려왔다고 한다. 이후 공장으로
잠시 쓰이다가 전도관처럼 이단 논쟁에 휘말렸던 한국예루살렘교회가
1980년대 중반에 들어왔다. 이 교회 역시 20년 동안 들불 일듯 신도들
을 모으다가 2005년 떠났다. 최근의 모습은 영화 〈신의 한 수〉에서 볼
수 있는데, 감옥에서 나온 바둑 고수 정우성이 아지트로 쓰는 창고 같
은 장소로 등장했다. 2014년 겨울, 살짝 열린 문을 통해 건물 안으로
들어가 보니 1층에는 우각로 문화마을이 공방처럼 쓰던 공간과 강당
처럼 발표회를 했던 공간들이 이제 온기를 잃은 채 띄엄띄엄 흔적만
남아 있었다. 2층에는 영화 〈신의 한 수〉 세트로 쓸 때 만든 기둥들이
서 있는 가운데 길 잃은 비둘기들이 떨어뜨린 새털이 바닥에 수북했
다. 엄청나게 넓은 공간과 앞자리의 높은 단상이 그 옛날 이곳에서 열
렸던 대규모 종교 집회의 열기를 떠올리게 했다.

　예루살렘교회가 떠나고 개인 소유가 되면서 폐쇄된 전도관의 관리
인 연태성 씨(1961년생)에게 어린 시절 전도관 앞마당은 유일한 놀이
터였다.

"새총 가지고 놀다가 전도관 유리창 깨고 도망 많이 다녔죠. 그때 상덕이 형이라고, 나보다 대여섯 살 많은 형이 전도관 경비 보면서 공부하는 고학생이었는데 맨날 우리 친구들 잡으러 다녔지. 겨울 되면 전도관 출입문 앞 비탈길이 다 얼잖아요. 그럼 교인들이 다니기 불편하니까 상덕이 형이 열심히 연탄재를 뿌려 놓는데 우리는 그거 치우고 포대 자루 가져와서 미끄럼타고 허구한 날 그 형하고 숨바꼭질하듯이 놀았지. 골목골목 숨을 데는 오죽 많아. 놀이터나 장난감 없어도 하루 종일 신나게 놀았지."

우각로 문화마을 초대 대표를 역임한 연 씨는 전도관 앞집에서 태어나 지금까지 같은 집에 살고 있는 숭의동 토박이다. 전쟁 통에 황해도에서 내려온 부모님들이 자유공원 앞 피난민 수용소에서 머물다가 숭의동 이곳에 여섯 평짜리 집을 사면서 자리 잡게 되었다.

"닭장처럼 부엌 하나 딸린 방들이 쭉 일렬로 서 있는 집이었어요. 대문과 화장실은 같이 쓰고. 그렇게 살다가 충청도에서 온 옆집 식구들이 이사 나갈 때 그 집을 사서 넓히고 한참 뒤에 2층까지 올려서 지금까지 살고 있지. 아버지가 대목이셨는데 그때는 우리 집이 잘사는 축이었어요. 쌀 걱정, 겨울에 땔감 걱정 안 하면 잘사는 때였으니까."

연 씨는 1970년대에 소방도로를 낸 것 말고는 어렸을 때와 달라진 풍경이 거의 없다고 말한다.

오래된 건물 늘어선 전국구 관광지

　　　　　전도관 입구 쪽 비탈길로 내려오
면 배다리 헌책방 골목에서 박문학교, 구 선인재단
쪽으로 이어지는 길이 우각로, 쇠뿔고개다. 소의
뿔처럼 생겨서 쇠뿔고개라는 이름이 붙었는데, 인
천에서 그 옛날 괴나리봇짐 메고 서울로 걸어 다니
던 신작로였다. 또한 전대 찬 사람들이 많이 오가
는 곳이라 그랬는지 인천에서 가장 악명 높은 우범
지대로, 서울 가는 사람들은 배다리 마을 초입에서
동행을 기다렸다가 네댓 명이 모여서 함께 다녀야
할 정도로 무서운 길이었다고 한다.

　아래쪽 배다리 마을로 좌회전해 내리막을 걸어간
다. 조금 내려가면 옛 남선교사 합숙소 자리에 인
천세무소가 서 있고 거기서 조금 올라가면 여선교
사 합숙소가 아직 남아 있다. 1904년 제물포에 여
선교사 네 명이 파송되면서 짓기 시작한 건물로,
미국 해외선교회에서 활동하던 낸시 갬블 부인이
낸 기부금으로 만들어 갬블 홈이라는 이름을 가지
게 되었다. 지하 1층 지상 3층 규모로 만든 붉은 벽
돌집이다. 알렌 별장, 남선교사 합숙소 등 많은 근
대 건물들이 소실됐지만 여선교사 합숙소나 창영

도원역에서 우각로로 들어가는 골목

초등학교 같은 오래된 건물들이 남아 있어 이 동네 산책의 즐거움을 한층 더 끌어올린다. 우리나라 최초의 '여자매일학교'로 세워진 영화초등학교(1897년 개교)와 나란히 서 있는 창영초등학교(1907년 개교)는 조선 아동을 위해 인천에서 처음 세워진 공립 보통학교로, 인천 3·1 만세운동의 진원지이기도 했다. 현재 인천시 유형문화재로 지정된 본관 건물은 1922년 인천부와 지역 주민의 모금으로 건축되었다. 인천이 낳은 대표적 인물인 미술사학자 고유섭, 극작가 함세덕을 비롯해 많은 인물이 이곳에서 교육받았다. 인천에 사람들이 몰리던 1970~1980년대에는 한 학년이 열서너 반을 이루고 전체 학생 수가 5,000명에 이를 정도로 붐비던 학교였지만, 지금은 한 학년에 딱 두 반씩, 사립처럼 단출한 인원의 학교로 운영되고 있다.

배다리마을은 이제 전국구 관광지로 소개될 만큼 유명세를 타고 있다. 2000년대 중반 청라신도시에서 송도신도시를 곧바로 잇는 산업도로를 만든다는, 그 도로만큼이나 단순무식한 계획 아래 배다리마을은 존폐 위기에 놓였다. 계획대로라면 도로가 배다리를 관통하는 모양새였기 때문이다. 아벨서점의 곽현숙 대표와 스페이스빔의 민운기 대표 등을 중심으로 동네 주민들까지 합세해 이 계획을 저지시켰다. 때마침 불어닥친 불황과 신도시 아파트 미분양의 차가운 바람이 동네의 풍비박산을 막는 데 보탬이 되었다. 산업도로를 뚫는다고 헤쳐 놓은 공터는 지금 배다리마을 생태공원이 되어 철마다 꽃과 열매를 키워 낸다.

배다리 헌책방 거리는 새삼 이곳에서 소개할 필요를 못 느낄 정도로 많이 알려져 있다. 아벨서점과 그 주변 헌책방을 비롯해 옛 인천양조

장을 대안미술 공간으로 바꾼 스페이스빔, 개성 있는 책방과 갤러리 등의 공간을 기웃기웃하다 보면 반나절이 후딱 지나간다. 개인적으로 헌책방 순례를 한 다음에는 근처 대형 문구점도 한 번씩 꼭 들르게 된다. 아이들이 좋아하는 딱지나 스티커 같은 소박한 장난감들을 싼 값에 '득템'할 수 있다. 📖

3부

● 남기영 할아버지

● 김순자 할머니

● 오정신 사장

● 박정양 사장

● 박철원 회장

● 유동훈 선생

● 박혜민 학생

달동네 사람들

"한꺼번에 갈아엎을 생각 접고,

사라져 가는 것들을 보존하고 복원하고,

거기에 담긴 스토리들을 형상화하고,

이런 작업들을 이제 해야 해요.

그렇지 않으면 살길이 없다는 걸

사람들이 더 늦기 전에 알아야 한다구."

남기영
할아버지

수도국산달동네박물관 도록에는 이 동네에 살던 이들의 추억이 오붓하게 담겨 있다. 그중에서도 가장 앞자리에 '수도국산의 추억'이라는 제목으로 한 쪽을 장식하고 있는 글이 눈에 띈다.

1953년 진학 때문에 이곳 인천에 올라와 처음으로 기차 구경을 하고, 조석으로 나무를 때서 밥을 짓기 때문에 시내가 온통 연기에 싸여 있었지요.

나무 때던 연기 자욱한 인천의 첫인상을 기록한 이는 이곳에서 60년 넘게 산 남기영 할아버지(1936년생)이다. 글 옆에는 집 마당에서 빨래하는 엄마 옆에서 아들딸들이 빨간 '다라이' 안에서 물놀이하는 흑백 사진이 실려 있다.

수도국산박물관 도록에 실린 남기영 할아버지의 가족 사진(1972년)

고향은 충남 당진이지만 60년 넘게 수도국산에 살면서 누구보다 이 동네에 대해 깊은 애정을 간직하고 있는 분이다. 그가 살던 송현동 44번지가 철거되고 솔빛마을에 입주하면서 달동네박물관의 문화해설사로 자원봉사를 해 오고 있다.

"열일곱 때 여섯 시간 통통배 타고 인천에 왔어요. 서산중학교 나와서 인고(인천고등학교) 가려고 온 거지. 그때 인고랑 인천사범, 두 군데가 붙었어요. 그때 숭의국민학교에서 사범학교 시험을 봤는데 합격하고 집에서 학비 대 줄 형편도 안 돼서 '나, 사범 가야 돼요', 그랬더니 신흥동에서 약방 하던 고모가 '너, 겨우 국민학교 선생 하려고 인천까지 왔냐' 해서 인고를 가게 됐죠. 서산중학교에서 열한 명이 인천에 와서 여덟 명이 학교가 됐는데 세 명은 인고를 가고 다섯 명은 사범을 갔어. 인고에서도 서산중학교라고 하면 알아줬지. 창영초등학교랑 인고가 인천의 오래된 건물이었는데 인고는 헐어 버렸어. 그 교사 없어진 게 참 아까워요."

남 할아버지는 송림4동에서 자취를 하며 산동네의 능선 너머 인천고등학교에 다녔다. 고향서 내려온 친구 네 명이 한방에서 자취를 했는데 타지에 올라와 고학을 하는 게 쉬운 일은 아니었다. 친척 지인의 소개로 미군 부대 하우스보이를 하면서 학교를 다녔다.

"집들이 다 형편없었지. 움막 같은 데도 많았고. 그냥 소나무 잘라

다 껍데기만 긁어다가 기둥을 세웠으니까 아무나 끄적끄적 집을 지을 수 있었지. 기둥 세우고 그 위에 초가 올리고 나중에는 그 초가 위에다가 기와를 올리고. 기와집도 아랫동네나 있었지 윗동네는 다 판잣집이었어. 수도국산 산다고 하면 인천에서도 제일 하급 취급했다구, '거기가 사람 살 데여' 이러면서 말이지. 그런 곳에 방 한 칸 사글세로 빌려서 고향 친구들하고 같이 자취했어요. 충청도 시골 놈이 인천 깍쟁이들하고 살겠어요?(웃음) 생활비는커녕 등록금도 없으니까 고모한테 어디 아무 데라도 넣어 달라고 부탁을 했지. 마침 고모네 옆 중국집 아줌마 동생이 축항에 있는 미군 부대 사무실에서 일을 하고 있었어요. 그래서 그분 소개로 미군 중·상사 숙소 청소 일을 하게 됐어. 하우스보이라고 하지. 보통은 야간학교 애들이 하우스보이를 하거든. 낮에 학교 다니는 애는 나밖에 없었지. 나는 아침에 학교를 가야 하니까 새벽에 가서 침대 정리만 하면 돼. 근데 그때 시계가 있어 뭐가 있어. 껌껌할 때 잠 깨면 무조건 나가는 거야. 한번은 새벽에 무릎까지 쌓인 눈 푹푹 밟고 부대 도착했는데 새벽 두 시인 거라.(웃음) 입구에서 못 들어가네, 들어가네 실랑이를 벌이면 미군 특무상사가 와서 들여보내 주고 그랬지. 그 사람이 이차 대전 때 중국서 싸우고 한국으로 온 이인데 날 잘 봤어. 그래서 영영 콘사이스도 주고, 크리스마스라고 가죽 잠바도 주고, 나중에는 새벽에 추운데 다니는 거 딱하다고 숙소 한 구석에 책상을 마련해 줬다구, 공부하라고. 나중에 미국 들어갈 때 같이 가자고 하는데, 그때는 미군들이 한국 사람들 맘대로 데려갈 수 있을 때였거든. 근데 어머니, 아버지 못 볼 생각하니까 싫어서 안 간다고 했지."

이때 미군 부대에 드나들던 한진그룹 창업주, 고 조중훈 회장과 스쳐가는 인연을 맺기도 했다.

"조중훈 씨가 그때 운수업을 했어요. 축항에 물건 들어오면 트럭 몇 대로 영등포나 의정부로 싣고 가는 거야. 그래서 미군들한테도 잘 보여야 하는데, 부대 밖에서 덜덜 떨고 있으면 내가 사무실에 들어오라고 해서 커피니 밀크니 이런 거 자주 타 줬어요. 그 양반이 가죽 잠바만 입고 다니면서 아주 소탈하게 살았는데, 졸업 두 달인가 앞두고 나한테 자기 회사에서 일하라고 하더라구. 그때 한진상사가 인천시청 쪽 쭉 내려오다가 경기도 경찰서 쪽에 사무실이 있어서 한번 가 봤는데 사람 하나 앉았고 찬바람 나는데 난로도 없고 시시해 보여서 싫다고 했지. 그 양반이 이렇게 세계적인 재벌이 될 줄 그때 알았나.(웃음) 그때 참 좋은 기회 여러 번 놓쳤어."

고학을 하면서 서울상대 시험을 두 번 쳤다가 두 해 연속 낙방했다. 다른 대학에 합격했지만 자존심이 상해 배 타고 충청도 고향에 내려가다가 죽을 결심도 했다. 그러다가 5급 공무원(지금의 9급 공무원) 준비하기 위해 다시 인천 누이네로 오게 되었다.

"누나네 집에 신세 지면서 공무원 시험 공부할 때였어요, 그때는 다들 살기 힘들어서 모든 생활용품을 월부로 샀어요. 내 친구가 월부 회사 수금 사원을 했는데, 사람 구한다고 나보고 들어오래. 난 창피하고 거시기했는데, 나중에 일 배울 수 있을 거라고 부추겨서 월부금 수금 일을 하게 됐지. 그렇게 한 일 년 일을 하니까 경리 아가씨가 살짝 가르쳐 줘. 내 친척 여동생 동기동창인데 딴에는 친구 오빠라고, 여기 있지 말고 독립하라고 물건들 어디서 가져오는지 장부를 다 보여 주더라구. 일종의 사업 비밀 같은 거지.(웃음) 그래서 판매 사원까지 모집해서 월부 회사를 차렸지. 그 일 딱 이 년 하고 총각 때 송현동 44번지에 집을 샀어요. 대지가 서른두 평에 건평만 한 이십 평이었으니까 엄청 넓은 집이었지. 그때는 다들 여섯 평 일곱 평, 좀 넓은 집이래야 열두 평, 이랬으니까. 그때 시골 있던 여동생 하나랑 남동생 셋도 다 데리고 왔어. 남동생이랑 같이 자전거 타고 다니면서 월부금 수금하러 다녔어. 그 복잡한 골목들을 다 훤히 꿰뚫고 있었지. 그때 텔레비전, 라디오, 전축 같은 거 말고도 다리미니 우산까지 전부 월부로 살 때였고, 서울서 천 원에 물건 떼 오면 여기서 사천 원 받는다구. 그러니 돈 많이 벌었지."

할아버지네 집 지붕에는 근방에서 가장 먼저 텔레비전 안테나가 올려졌다. 저녁이면 애들이 바글댔다. 김일 선수의 박치기 모습으로 아이들의 환호성을 자아내던 그 텔레비전은 지금 수도국산박물관에서 같은 장면을 재현하며 전시되어 있다.

"안방이 극장이나 마찬가지였어요. 애들보고 오라고, 내가 종이에 방영 프로그램을 적어서 집 밖 벽에다 붙여 놓기도 했어요. 그렇게 돈을 좀 벌고 나서 고향에 떨어져 있던 안사람을 데리고 왔지."

남 할아버지에게 시집온 지 일 년 만에 이곳에 온 이종희 할머니는 "처음 여기 왔을 때, 밤에 불을 켜면 게딱지 같은 집들이 다닥다닥 붙어 있는 모습을 볼 때마다 소름이 끼쳤다"고 기억한다. 말이 골목길이지 길이 없다시피 한 동네라 리어카도 오르지 못해 비바람에 지붕이 날아가고 흙벽이 무너지면 아녀자들이 흙이나 자재를 머리에 이고 날랐다. 자재뿐 아니라 물도, 쓰레기도, 똥도 모두 지게로 져 나르던 시절이었다.

"윗동네에는 길이 없으니까 청소차도 못 올라와요. 송현1동 사무소 앞에 큰 고목나무가 있었는데 거기까지만 왔어. 차 다니기 전에는 조랑말이 다녔는데 조랑말도 안 올라왔어. 쓰레기차 소리가 쩔렁거리면 연탄재 머리에 이고 거기까지 가서 버리고 그랬지. 똥차도 안 올라오는데 똥은 쓰레기처럼 내가 직접 갖다 버릴 수가 없으니까 싸움도 많이 났어요. 그때 변소가 차도 길이 험하니까 청소부들이 안 올라와. 그러면 동회에 전화해서 똥 푸러 사람들이 왔거든. '목도'라고 부르던 하나짜리 똥지게로 똥을 푸는데 무거우니까 어떨 때는 다섯 개 푸고 일곱 개 펐다고 해. 또, 지게에 가득 채우지 않기도 하고 하니까 주인이 그 앞에서 '바를 정(正)'을 표시하면서 감시하다가 싸움 나는 거야. 푸기만 하면 거의 시비가 붙으니까 화딱지가 나서 사람 부르기도 싫고, 그래서는 수도국산 박물관 뒤쪽에, 거기가 그때는 공터여서 호박 같은 농작물을 많이 심었는데, 밤에 거기다가 막 갖다 버리는 거야. 비 오는 날에도 막 갖다 버리고. 비가 그치고 나면 온 동네에 똥 냄새가 아주 머리 아플 정도로 진동을 했어요."

온갖 종류의 월부 장사를 하면서 한때는 '저 사람들은 왜 돈을 못 버나, 이렇게 벌기 쉬운 게 돈인데' 생각할 만큼 목돈도 만져 보았지만, 기와 공장 등 다른 사업에 손을 대면서 벌어 놓은 돈을 많이 까먹었다.

"안 팔아 본 게 없어요. 전자제품이나 다리미 같은 생필품부터 옷 장사, 화장품 장사, 한약 장사까지 했어. 직원들을 많을 때는 열두 명까지 두고 했지. 그러다가 선인재단 앞쪽에 기와 공장을 차렸어. 당시 박정희 대통령이 새마을운동 한다고 지붕 개량 사업 하면서 기와 공장들이 잘됐거든. 근데 내가 차리고부터 안 되는 거야. 그래서 손해 많이 보고 다시 시계 도매니 이런저런 장사에 뛰어들었다가 지금은 무일푼이지.(웃음) 옛날에 돈 벌 기회도 많았어. 지인이 말죽거리에 땅 오백 평을 같이 사자고 했는데 망설이다가 못 사고, 집 세 번만 옮겨 다녔으면 큰돈 벌었을 것인데, 여기 떠나면 죽는 줄 알았지.(웃음) 그래도 이 동네에서 애들 셋 다 건강하게 키웠으니 아쉬울 것 없지, 안 그런가?(웃음)"

남기영 할아버지, 수도국산박물관에서(사진: 박미향)

할아버지는 수도국산 일대를 철거하고 재건축할 때까지 5년 동안 제물포에 살다가 솔빛마을 아파트에 입주했다. 경찰 공무원인 두 아들과 딸도 근처에 살아서, 손주 보는 재미와 박물관에서 자원봉사하는 재미로 산다.

"주택 살다가 처음에 아파트 들어오니까 못 살 거 같더라고. 얼마 지나니까 편하지, 쓰레기 버리는 거나. 그래도 아파트는 사람 살 데가 못 돼. 입주한 지가 한 오 년 됐나? 옛날 이 동네 살 때는 이웃들하고 밥도 노상 같이 모여서 먹고 김장도 같이 하고 좋았는데, 지금은 한 라인에 살면서 엘리베이터 같이 타도 인사 안 하는 사람이 수두룩해. 밥맛없어.(웃음)"

김순자
할머니

솔빛마을에 사는 김순자 할머니(1944년생)
의 고향은 김포다. 늦둥이였던 할머니가 대여섯 살 무렵, 오빠들 공부
시키기 위해 김포에서 송림동 '안송림'으로 이사를 왔다. 이곳에서 '육
이오동란'을 겪고, 결혼을 하고, 송림동에서 잠깐 구멍가게도 하면서
두 아이를 키웠다. 지금은 수도국산박물관을 비롯해 검암자원관리관
해설사로, 장애인올림픽 자원봉사로 바쁘게 노년을 보내는 칠순 청춘
이다.

"오빠 다섯에 막내딸이었어요. 그때 고명딸이 어덨어. 오빠들 가르
치기만도 빠듯해서 나는 공부도 많이 못 했어요. 그래도 인천 오자
마자 초가집이나마 우리 집이 있어서 어릴 때 밥 굶을 정도로 고생
을 하지는 않았던 거 같아. 그때는 고등학교 교복이 얼마나 귀중한

지 집안 가보예요. 엄마가 오빠 교복을 빳빳하게 인두 다림질해서 걸어 놓고 한참 동안 넋을 잃고 쳐다보던 모습이 선해요. 아버지는 나 어렸을 적에 일찍 돌아가시고 오빠들이 차례로 합판 공장, 인쇄소 같은 직장을 다녔던 거 같아요. 그런데 일자리도 별로 없었을 때라 어머니도 고생 많이 하면서 자식들 키웠죠."

인천에 온 지 얼마 안 돼서 한국전쟁이 일어나 할머니 일가는 수원 쪽으로 피난을 갔다. 만삭이던 큰올케가 피난 중에 큰조카를 낳았다. 길에서 낳아 '길용'이라는 이름을 얻었던 조카가 벌써 환갑이 지났다.

"밥에 수수를 넣고 뭉쳐서 보따리 싸 가지고 구월동 쪽으로 피난을 갔어요. 지금이야 아무것도 아닌 거리지만, 그때는 어린 나이에 얼마나 멀고 힘든지, 한 이틀을 갔는데 어느 집에 할머니가 혼자 마룻걸레질을 하고 있는 거야. 왜 피난 안 가셨냐니까 나 늙어서 죽을 건데 뭐 하러 가냐고, 자식만 보냈다고. 거기서 좀 쉬려고 부엌으로 들어가는 순간 이 집이 폭격을 맞았어요. 초가지붕이 붕 떴다가 팍 가라앉는 모양이 지금도 눈에 선해. 내가 흙에 파묻혔어요. 그때 죽을 걸 살아난 거지. 오빠들이 그 흙들을 다 치우고 지푸라기 주워다가 지붕 고쳐 주고 며칠 지냈지. 그리고 다시 내려가는데 올케가 산기가 있어서 사람 사는 집을 찾아 들어갔지. 두 내외와 딸이 하나 있었는데, 주인 할아버지가 아무리 피난 중이라도 부엌에서 애 낳는 거 아니라고 소죽 쑤는 방을 내줬어요. 지푸라기 깔고 뜨끈뜨끈한 방에서 아들을 낳았지, 몸조리도 하고. 전쟁 끝난 다음에도 오빠가 고맙다고 뭐 사 가지고 그 집 종종 찾아가고 그랬어요. 그렇게 수원을 넘어갔는데 동네 사람을 만났어요. 그이가 우리 동네가 폭격도 안 맞고 괜찮더라, 다시 돌아온 사람도 많더라고 하기에 다시 돌아왔지. 정말 집이 그대로 서 있는 게 신기하더라구."

전쟁 이후 고된 삶이 다시 시작되었다. 배 굶은 적은 없던 김 할머니 집에도 허기가 찾아왔다.

"아이고, 진짜 힘들었죠. 쌀 구하기도 힘들어서 깡보리밥, 거칠어서 못 먹을 정도인 깡보리를 돌절구에 물 붓고 돌멩이로 비벼서 거친 껍데기를 살살 벗겨서 밥해 먹고 그랬죠. 그것도 늘 먹지도 못하고 엄마가 어떻게 구해 오면 먹을 수 있었지. 여름에는 감자를 쪄서 으깨 가지고 보리와 섞어 먹고. 먹고살기 힘드니까 전쟁 통에 아이 낳은 올케도 연탄 찍어서 말리는 공장에 다녔어요. 그러면 내가 조카 업고 젖 먹이려고 올케 일터에 다니고 그랬어요. 애가 애를 업고 다닌 거지, 그때는 다들 그랬으니까. 그 올케가 구순 바라보는데 아직도 살아 계세요. 형편 어려워도 명절 때마다 꼭 노랑 저고리에 분홍 치마 해 주고, 올케가 엄마 같았어요. 오빠들은 직장 가거나 학교 가거나 하니까 집안 허드렛일은 다 내 차지였어요. 그때 동산학교 정문 앞에 우물이 있어서 거기서 물을 길어다 먹었는데, 내가 물지게 지고 다녔어요. 사람들이 하도 퍼 가니까 물이 잘 안 고여서 친구

수도국산 층층대 밑에 있던 우물(사진: 김동수, 1961년)

들하고 모여서 밤에도 물 길으러 가고 그랬지. 그때 물지게를 하도 지고 다녀서 키가 안 큰 거 같아.(웃음)"

상급 학교에 진학하지 못한 친구들은 동일방직에 취직을 많이 했다. 공장에 다니면서 여섯, 일곱씩 되는 동생들을 먹여 살렸다. 할머니도 취직을 하고 싶었지만 오빠들이 말리는 바람에 집에서 살림을 하다가 시집가서 수도국산 달동네에 신혼살림을 차렸다.

"시집갈 생각이 없었는데 열여덟 살에 어머니 돌아가시고 오빠네 계속 얹혀살려니까 미안하고 눈치도 보여서 그냥 결혼을 했지. 남편 은 충청도 사람인데 형 따라 인천 올라와서 대성목재소에 다녔어요. 선보고 세 번 만난 다음에 결혼했지. 그냥 충청도 사람이라 착하다 고 해서 결혼한 거야.(웃음) 그래서 지금까지 잘 살고 있지. 처음에는 시골서 온 시누이랑 같이 살았어요, 방 한 칸에서.(웃음) 그때야 다들 단칸방에서 군식구들 여럿씩 건사하면서 살았지. 우리 집 정도는 양 반이었다우. 그래도 신혼 재미도 없고 시누이가 마냥 어렵고 해서 결혼 괜히 했다 싶었지. 시누이는 공장을 다녔는데 야간 근무를 다 니느라 늘 같이 잔 건 아니고 딱 일 년 살았는데, 그때 막 내가 첫아 이를 가져서 입덧 때문에 밥해 주기도 힘드니까 시누이가 친구와 같 이 산다고 독립해 나갔지."

첫아이를 낳았을 때는 아주 추운 겨울이었다. 슬레이트 집의 사글세

방이었는데, 주인집 할머니가 애 낳고 무거운 거 들면 안 된다고 공동 수도에서 물을 길어다 주었다. 연탄구멍을 활짝 열어 놓으면 빨리 타니까 추워도 꼭 막아 놓고 갓난아기와 이불을 뒤집어쓰고 겨울을 났다.

"수도국산 꼭대기에서 한 삼 년 살고 조금 아랫동네로 내려왔어요. 이만 원짜리 전세였나, 아무튼 계속 송현동, 송림동을 오가면서 이사를 다녔지. 전셋집 와서 딸을 낳았는데 태어난 지 얼마 안 돼서 연탄가스를 먹은 적이 있어요. 그때 아들이 네 살이었어. 아침에 자고 일어났는데 머리가 아파서 도저히 밥을 못 하겠더라구요. 근데 내가 문제가 아니라, 아들은 '엄마, 머리 아파' 그러는데 갓난애가 숨을 못 쉬고 헐떡거리는 거야, 젖도 못 빨고. 이웃들이 와서 물을 먹여 봐라, 물로 몸을 축여 봐라 그래서 이것저것 해 보는데도 애가 반응이 없어. 큰일 났다 싶었는데, 나중에 열이 막 오르더니 거품 같은 열똥을 막 싸더라고. 그래서 살아났어. 그때 정말 많이 울었어요."

겨울이면 텔레비전 뉴스에서 연탄가스로 인한 일가족 사망 소식이 거르지 않고 보도되던 시절이었다. 동네에서 같이 놀던 친구가 일산화탄소 중독으로 새까맣게 변한 모습으로 실려 나가던 광경을 보는 것도 드물지 않은 일이었다. 당시는 전세살이도 녹록지 않았다.

"전세 못 빼는 일도 허다했어요. 이사 나가고 싶어도 세입자를 못 구하면 주인이 돈을 내주질 않으니까. 그래서 겨울에 외투도 못 사

입고 돈을 모아서 조그만 슬레이트 집을 장만했어요. 방 두 개였는데 하나는 세주고, 조그맣게 장독대도 있는 집이었어요. 어릴 때 제대로 먹이지도 못하고 애들 키웠는데 그게 한이 돼서 큰아이 중학교 다닐 때 일수 돈을 얻어서 골목에 조그만 슈퍼를 차렸어요. 근대화 연쇄점이라고, 70~80년대에 많던 동네 구멍가게였지. 돈 벌기보다는 애들 빵이랑 우유 같은 것 좀 실컷 먹이려고 한 사 년 했어요. 아들이 학교 갔다 와서 가게에서 빵이랑 우유 집어 먹는 걸 보면 그렇게 뿌듯하더라고. 큰아이 교복 입고 학교 가면 버스 정류장까지 따라가서 보곤 했어요, 신통해서. 우리 어머니가 오빠 교복 바라보듯이. 엄마들은 다 그랬을 거야. 우리들이 못 배웠으니까 자식들 공부만은 제대로 가르쳐야겠다는 생각뿐이었거든.”

김순자 할머니, 김포에서 태어나 어릴 때 이사 온 수도국산에서 평생을 살았다.

아들딸은 둘 다 인하대를 나와 아들은 건설회사에 다니고 딸은 영국에 산다. 맞벌이 며느리를 대신해 6년 동안 손주를 키우고 며느리가 끊어 준 비행기 티켓으로 영국 여행을 두 번 다녀왔다. 다니던 대성목재소가 월급을 못 줄 정도로 쇠락한 뒤 우유 공장을 다니다가 은퇴한 남편은 지금도 전기 부품 공장에서 경비 일을 하고 있다. 경비실 앞 빈 땅에 같이 고추 모종을 심어 지난여름에도 아홉 근이나 따다 말렸다.

"지금도 남편 회사 앞 빈터에 고추나 야채 같은 거 심어서 키워 먹고 그래요. 애들 키울 때만 해도 먹을 게 없어서 고기도 못 사 주고, 가끔씩 돼지비계 사다가 우거지 넣고 지져 먹고 그랬어요. 고등어도 큰맘 먹어야 한 마리 사고. 연탄 있고 쌀 있고 김치 해서 밥만 먹고 살면 된다고 생각하고 살았으니까. 그런데 요새 젊은 사람들은 음식 귀한 줄 너무 몰라. 아파트 음식 뜨물통 보면 보리쌀에 바구미 좀 생겼다고 버리고 그러더라구요. 내가 옛날 사람이라 그런가, 그런 거 보면 벌 받을까 겁나." 📓

오정신
사장

배다리 사거리, 이 지역의 터줏대감 병원인 지성의
원 맞은편으로 시커멓고 커다란 솥을 잔뜩 쌓아 놓은 오래된 솥 가게
가 있다. 이십여 년 전 이 길을 지나 학교에 갈 때도, 십여 년 전 배다
리 헌책방에 놀러갈 때도 '요새도 가마솥 가게가 있나' 했는데, 2015
년 봄까지 아직도 그 자리에 건재하다. 55년 동안 배다리에서 무쇠 솥
을 팔아 온 오정신 사장(1943년생)의 가게다. 시꺼먼 쇳덩어리 가득한,
어둑한 가게 안이라 지레 겁을 먹고 슬쩍슬쩍 훔쳐보는데, 사장님이
먼저 나와 문을 열고는 환한 웃음으로 손님을 반긴다. 그런 여유 없이
는 버텨 내지 못했을 세월일 터이다.

"열여덟 살, 4·19혁명 나던 해 인천 올라와서 솥 팔기 시작했으니
까 55년 됐네. 요 자리는 아니고 저쪽 싸리재에서 우리 대고모 할머

반세기 동안 한자리를 지켜 온 배다리 솥 주물 가게(사진: 박미향)

니 동생네가 주물 솥 가게를 했거든. 거기 어른들이 연세가 많이 드
시니까 나를 일하라고 보낸 거예요. 충북 영동 황간이라는 데가 우
리 고향인데 거기서 와서 일하기 시작했지. 나 왔을 때만 해도 도원
동 황골고개나 숭의동이나 다 맨 논밭이었어요. 송림동 쪽만 가도
다 풀밭이야, 물 들어오는 데는 갈대 있고. 그때 인천 인구가 부평까
지 다 털어서 22만 정도였으니까. 고모 댁에서 말하자면 점원으로
일한 건데, 월급을 받는 것도 아니고 밥이나 얻어먹고 살다가 스물
한 살에 독립해서 내 가게를 냈어요. 그게 저 위쪽 철로 아래 중앙시
장 입구 맞은편쯤이었어요. 그렇게 시작해서 요 근처에서만 서너 번
자리를 옮기면서 솥 가게를 하다가 이리 자리를 잡은 거지."

오 사장이 가게를 냈을 무렵, 배다리에만 이런 주물 솥 가게가 다섯 개 있었다. 솥을 만드는 주물 공장도 인천에 두 개가 있었다. 1980년대 이후 무거운 솥을 쓰는 사람들이 없어지면서 다른 가게들은 모두 문을 닫았다.

"옛날에는 장사 잘됐지요. 양은솥이 아직 없을 때라 다 이런 주물 솥을 쓰는 데다 아들 장가보내면 장롱은 못 해 줘도 솥 서너 개씩은 세간살이로 꼭 해 보냈거든. 밥하는 밥솥, 국 끓이는 옹솥, 물 끓이고 명절날 음식 하는 물솥이라고 또 필요하고, 시골 사람들은 소 여물 끓이는 여물 솥도 해 갔지. 그리고 시장은 인천뿐 아니라 김포, 강화 다 합쳐도 여 하나뿐이야. 백령도, 교동도, 이런 섬에서도 다 배 타고 오고, 수인선 열차 타고 오고, 배 한번 떠나면 배 한 척에 이만 한 가마솥만 대여섯 개씩 실려 갈 때니까, 지금 여기 있는 솥들 정도면 열흘도 안 가. 지금은 일 년 가도 다 못 팔지만.(웃음) 시골서 올라와서 다른 일 보고 솥 사 가는 사람들도 많고 아침 배로 떠나는 사람들도 많으니까, 아침 여섯 시면 문 열고 밤 아홉 시, 열 시까지 장사를 했어요. 설날, 추석날 당일 아침까지도 문 못 닫고 팔았으니까 말 다했지."

한참 잘나가던 주물 솥의 인기가 추락하기 시작한 건 1975년 박정희 정부가 산림녹화 사업과 함께 나무를 베지 못하도록 입산 금지 정책을 펴기 시작하면서다. 나무를 땔감으로 쓰지 못하게 되면서 연탄아궁이와 석유곤로가 장작불을 대신하기 시작했고 이와 함께 입식 부엌도 늘어나기 시작했다.

"연탄아궁이랑 곤로에 크고 무거운 솥을 쓰기가 힘드니까 사 가는 사람이 뚝 끊겼지. 그때 다른 네 가게가 모조리 문 닫았어. 게다가 그때는 뭘 팔아도 장사가 잘되고 권리금이 막 생겨날 때였거든. 그러니까 팔리지도 않는 솥을 뭐하러 팔아. 그런데 난 배운 것도 없고, 여기서 학교를 다닌 것도 아니니까 아는 사람도 없고 괜히 사기나 당할까 겁나서 그냥 버틴 거지."

"인간사 새옹지마"라는 말이 오 사장의 솥 가게 이력에는 딱 맞아떨어진다. 그가 어수룩하게 버틴 시간 동안 몇 번의 고비가 있었지만 끈기 있게 기다리면 새로운 기회가 왔다.

"나 혼자 있는 거라 인건비도 따로 나가지 않고, 다른 가게들 다 문 닫았으니까 버티고 있으면 한 개라도 팔리겠지 하는 심정으로 참고 있었지. 그 시간이 일이 년 됐을 거야. 전기밥솥이니 압력밥솥이니 나올 때 내가 가게 앞에 곤로를 몇 개 피워 놓고 공장에 얘기해서 작게 만든 솥에다가 밥을 해 가지고는 길 가는 사람들 먹어 보라고 하면서 팔기도 했어. 그러고 나니까 산업화 정책을 편다고 인천에 4공단, 5공단 이래서 공단이 막 생기네. 공장들이 생기니까 그 옆에 함바집들이 생기잖아. 거기서 와서 큰 가마솥을 몇 개씩 사 가. 또, 설

렁탕집이니, 곰탕집이니, 냉면집이니, 식당이 생길 때마다 솥이 나가. 그때는 주물 공장들도 없어져서 전라도 광주, 충청도, 강원도 다니면서 솥을 사기 시작했어요. 지역마다 통솥 벌가마니 옥가마니 해서 모양도 조금씩 다른데, 사러 온 사람들이 '이거 뭐이 솥이 이렇게

배다리 솥 주물 가게 안 풍경

생겼냐고 타박하면서도 몇 개씩, 다른 데서는 살 수가 없으니까. 그때 잘 팔리다가 또 잠잠해. 한참 뒤에는 〈여섯 시 내 고향〉 이런 데서 무쇠 솥에 요리하는 거를 자주 보여 주니까 그거 보고 오는 사람들 때문에 연명하고, 또 한때 귀촌 열풍 불어 가지고는 사람들이 시골

내려가서 살려고 솥단지 한두 개씩 사 가고는 했지. 요새는 식당들도 다 죽고, 귀촌 바람도 식고, 그래서 그런지 작년(2013년) 봄부터 아주 안 나가. 그래도 솥 가게 50년 하면서 오르락내리락하는 걸 많이 봐 노니까 또 무슨 기회가 올 거다, 하고 기대를 하고 있어.(웃음)"

가게를 둘러보니 솥만 있는 게 아니라 난로와 부속품들, 연탄집게와 우묵한 튀김 냄비 등 이제는 이름도 가물가물해진 도구들과 있는 듯 없는 듯 여전히 주변에서 많이 쓰이는 주물 도구들이 적잖이 보인다.

"옛날에는 주전부리래야 풀빵, 국화빵, 이런 게 전부였잖아? 그런 기계들도 다 여기서 사 갔어. 이런 큰 튀김 솥도 많이 팔렸지. 도나쓰나 꽈배기 튀기는 데, 찐빵 찌는 데. 옛날에 창영동이 상업 중심지라서 사람들이 바글바글했는데 거기 꿀꿀이죽 골목이 있었어. 부평이나 월미도 미군 부대에서 도라무통으로 가져오는 걸 이런 솥에 부어서 담배꽁초, 쓰레기 조각 같은 걸 건져 낸다구. 그러고는 바글바글 끓이는데 나도 많이 사 먹었어. 열여덟이면 얼마나 배고플 때야. 그때 내가 일하던 고모네 솥 가게 벽에 맨 극장 광고판이었거든. 극장에서 거기다가 영화 포스터를 붙이고 표를 줘요. 밤에 그 표를 가지고 극장 가서 영화를 보고 나오면 그렇게 배가 고파. 그럼 꿀꿀이죽을 사 먹었는데 먹다가 쏘세지 덩어리라도 나오면 그것도 고기라고 속이 든든해.(웃음) 또, 하인천 부둣가에 가면 고깃배에서 버린 물텀벙이(아귀)를 주워다가 이런 물솥에 끓인다구. 그때는 물텀벙이를 생선 취급도 안 할 때였거든. 막걸리 한잔 시키면 물텀벙이랑 국물을 한 사발 그냥 줘. 힘들고 배고프면 막걸리 시켜서 그걸로 배 채우고 그랬지."

요즘 간간이 가게를 찾는 손님들 중에는 골동품으로 주물 용품을 찾는 이들이 있다. 곡괭이, 낫, 써레, 쟁기, 풍구 등 봄이면 팔던 농기구들도, 우물 펌프도 지금은 골동품으로 취급되면서 장식용으로 비싸게 사 가는 사람들이 생겨났다.

"우물 펌프를 4만 원, 5만 원 할 때까지 팔았는데 더 이상 만드는 데가 없으니까 그게 10만 원까지 값이 올랐어. 지금은 서울 골동품 시장에 가면 30만 원 한다데. 곡식에 먼지랑 쭉정이 같은 거 터는 풍구도 삼사천 원 하던 게 지금은 몇 십만 원까지 올랐다고 하더라구. 그렇게 무쇠 제품들은 안 쓰면서 골동품이 돼 가는 것들이 많아. 그런 것들 우리 집에서 많이 가져갔어. 쟁기니 화로니 보습이니, 요새도 가끔씩 골동품 하는 사람들이 와서 가게를 샅샅이 뒤져 보고 가. 저기 있는 저 불고기 판도 만든 지 20년도 더 된 거야. 옛날에는 이걸 연탄불이나 가스 불 위에 올려놓고 고기랑 국물 올려서 먹었는데 지금은 가볍고 반들반들하게 나오는 양은 판들 다 쓰지, 이거 사 가나? 삼겹살 판도 있었는데 골동품 판다고 다 가져갔어. 우리 애들은 몇 십 년씩 안 팔리는 거 뭐하러 가지고 있냐고 버리라는데, 난 버리는 게 일절 없거든. 아주 가끔씩 찾는 사람들이 그래도 있다구."

"천장 좀 봐 봐요." 사장님 말에 가게 천장을 올려다보니 자전거가 여러 대 천장에 매달려 있다. 오 사장이 무쇠 솥을 뒤에 싣고 열심히 달리던 자전거들이다. 날렵한 선수용 자전거도 있다. 먹고살기 위해 탄 자전거가 그를 철인 3종 경기로 안내했다.

"옛날에는 자전거가 자가용이었어요. 무거운 솥단지를 싣고 달려도 그렇게 기분이 좋을 수가 없어. 겨울엔 진흙탕에 푹푹 빠져서 애를 먹여도 자전거 타는 게 좋아서, 나중에는 짐 안 싣고 다닐 때도 운동 삼아 취미 삼아 자전거를 탔지. 철인 삼종 경기가 처음 열렸을 때 나가서 서른다섯 살 이상 부문에서 내가 일등상을 탔다구. 큰딸도 지금 철인 삼종 경기 선수야."

파는 물건뿐 아니라 가게 자체가 골동품처럼 옛 모습 그대로 그 자리에 있으니, 이제는 물건을 사러 오는 사람보다 이 앞에서 기념사진을 찍으려는 사람들이 더 많아진다.

"사람들이 오며 가며 들어와서 사진 찍고 가. 애들한테 보여 준다고.(웃음) 유정복 시장 같은 송림학교 나온 양반들이 지나가다가 들어와서 학교 다닐 때부터 하던 분이라고 인사하고, 그냥 갈 수 없으니까 조그만 솥 하나씩 사 가고 그러지. 하도 장사가 안 될 때 딱 한 번 때려치울 생각을 한 적 있어. 독쟁이시장에서 그릇이나 상을 팔려고 가게까지 마련했었어요. 그런데 동네 친구들이 어딜 가냐고 못

열여덟 살에 고향 충청도에서 올라와 주물 솥을 팔아 온 오정신 사장(사진: 박미향)

가게 말려서 주저앉았어. 정에 못 이겨서. 이제는 어디 갈 생각도 못
하고, 그냥 이 자리에서 이 장사 하다가 끝나겠지. 애들도 다 다른
일 하고 장사가 잘되는 게 아니니 물려받으라고 할 수도 없는 처지
고, 몸이 아프거나 영 못 하겠으면 그때 접어야지."

박정양
사장

      수도국산박물관에 전시된 실제 가게와 실존 인물 가운데 '대지이발관'의 '박정양'이 있다. 여기에는 이렇게 기록되어 있다.

    '대지이발관―송현동 83번지' '박정양(1943~)―박정양 씨는 1957년(당시 15세)부터 수도국산 달동네 송현동 83번지에 있던 대지이발관에서 근무하였다. 대지이발관은 한국전쟁 직후부터 있었으며 인근에서 가장 오래된 이발관이었는데, 흙벽에 기와집으로 약 5평 정도의 크기였다고 한다. 대지이발관에서 이발 기술을 처음 배우게 되는데, 처음 몇 년간은 수습 기간으로 공동 수도에 가서 물을 길어다 물통에 채우고 물을 데우고 청소를 하는 등 고된 일을 했다고 한다. 현재 강화이발관을 운영하고 있으며, 여전히 달동네 단골손님들

의 머리를 단장해 주는 일을 하고 있다.'

박정양 사장은 박물관에 전시된 실존 인물 가운데 유일하게 지금까
지 이 지역에서 여전히 혈기왕성하게 활동하는 인물이다. 혈색도 목소
리도 칠십 대라고는 믿기지 않을 만큼 정정한 현직 이발사다.

"이발소가 한창때에는 동구에만 140개가 있었는데 지금은 사십이
삼 개 정도 남아 있을 거예요. 미용실은 200군데도 넘을걸? 옛날에
는 여학생들도 다 이발소 와서 머리 깎았는데, 이제는 남학생들도
다 미용실에 가잖아요? 여기는 내가 문 연 데가 아니고 원래 이 옥
호가 있었어요. 98년도에 대지이발관을 철거하면서 이리로 와서 명
의만 변경한 거지. 아마 집만 헐리지 않았으면 아직도 대지이발관에
서 머리 깎고 있을 거야."

박 사장이 태어난 곳은 근처인 화수동. 강화도 출신으로 인천에 정착
한 선친을 따라 어릴 때 송현동으로 이사 왔다. 그런데 초등학교 3학년
때 갑자기 아버지가 돌아가셔서 집안을 먹여 살려야 하는 가장의 처지
가 되면서 이발 기술을 배우게 됐다.

"그때만 해도 우리나라 경제 사정이 좋지 않았잖아요. 1953년, 전
쟁이 끝나는 해에 돌아가셨으니까. 아버지가 편찮으셔서 피난을 못
가고 6·25를 수도국산에서 겪었어요. 초등학교 1학년 때였는데, 인

수도국산달동네박물관에 재현된 대지이발관 모습

천 상륙작전 때 포탄 공격이 있었는데 직접 폭격을 맞은 데는 없었고 유탄 정도만 맞은 데가 더러 있었던 거 같아. 배수지에는 인민군들이 주둔을 했었어요. 3학년 때 아버지가 돌아가셨으니 환경이 불우했다고 봐야지. 그때 배운 건 없고 학교는 다니기 힘든 시절이니 먹고살기 위해서 다들 양복점, 양화점, 이런 데서 개인 기술을 배우려고 했다고. 이게 다 지금은 사양길이죠. 이발소도 마찬가지고, 50~60년대는 많지 않았는데 70년대부터 90년대까지 늘다가 서서히 줄기 시작한 게 지금은 사십여 군데 남은 거야. 옛날에 비하면 3분의 2는 없어진 거지. 누님들이 위에 있었고 형님도 한 분 계셨는데 일찍 돌아가시고 남동생 하나 있으니 장남으로 내 책임이 컸죠. 그래서 초등학교 졸업하자마자 주변에서 기술이나 한번 배워 봐라, 이렇게들 권하니까 시작하게 된 거예요."

전쟁 직후 생긴 대지이발관은 수도국산 최초의 이발관이었다. 전시장에서도 소개된 것과 같이 일을 배우는 건 녹록지 않았다.

"다른 집에서도 직원 생활을 했는데 그래도 제일 오래 한 게 대지이발관이었어요. 물지게 지고 청소하고 눈칫밥 엄청 먹고, 좋은 말로 꿀밤도 맞고, 사실 꿀밤 정도가 아니었죠.(웃음) 그런데 그때는 다 그랬어요. 지금들은 아마 기술 가르쳐 준다고 그런 환경을 제공하면 뛰쳐나갈걸요? 아니, 뛰쳐나가는 정도가 아니라 덤비죠. 근데 덤비다뇨, 그때는 상상할 수도 없지. 엄격한 계급 차이가 있는데. 직원이 나만 있는 것도 아니었어요. 이 직업이 혼자 하는 직업이 아니거든. 손님 한 사람에 직원 네 명이 필요한 게 이 일이야. 제1 기술자는 머리 깎아 줘야지, 보조 기술자는 면도해 줘야지, 그리고 고데 해 주는 사람 따로 있고 머리 감겨 주는 사람 따로 있어. 보통 청소하는 맨 막내 견습 사원이 머리를 감겨 주지. 그러니까, 그렇게 네 명이 있으니까, 한 사람도 아니고 세 사람의 눈칫밥을 먹고 구박을 받으면서 일을 배운 거죠. 그래도 돈을 주긴 했어요. 월급이 아니라 일당 개념이었는데, 정확히 얼마였는지는 기억이 안 나지만 일당으로 연탄 한 장하고 뭘 좀 샀던 거 같아. 아마 쌀이었겠지. 그렇게 새끼줄에 연탄 한 장, 쌀 한 끼 정도 사 가지고 퇴근한 거지."

그래도 박 사장은 일을 빨리 배운 축에 들었다. 보통은 청소하다가 면도를 배우고, 고데를 배우고 이발을 배우기까지 3년 가까이 걸렸는

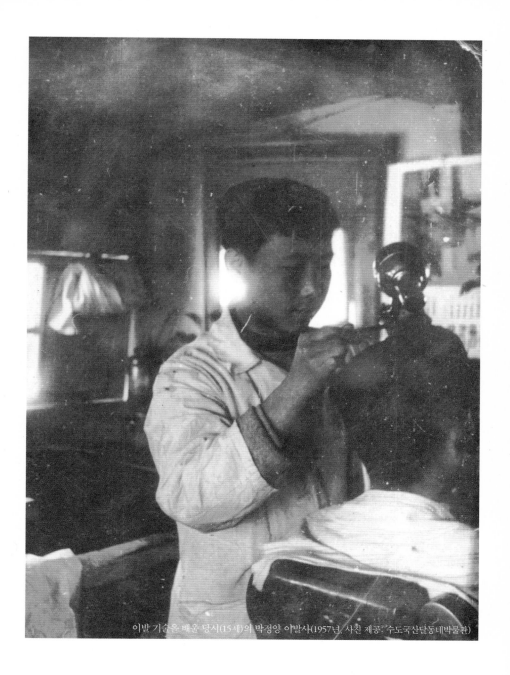

이발 기술을 배울 당시(15세)의 박정양 이발사(1957년, 사진 제공: 수도국산달동네박물관)

데, 그보다 일찍 가위를 잡았다고 한다. 그는 수도국산에 판잣집들이 급격히 늘어난 게 1960년대 후반이라고 기억한다.

"어렸을 적에는 배수지 근처 꼭대기까지는 집들이 별로 없었던 것 같아요. 그러던 게 60년대 후반 들면서 다닥다닥 산꼭대기까지 발 디딜 틈 없이 판잣집들이 지어졌지. 루핑 집이나 슬레이트 집 같은 게. 그때까지만 해도 화수부두 쪽에서 많이 일하고 아니면 전부 공장 다녔죠. 우리 선친도 병나기 전까지 공장에 다니셨거든. 나는 이십 대 중반까지 대지이발관에서 일하다가 군대 제대하고 다른 지역에서 잠깐 일하다가 다시 대지이발관으로 돌아오게 됐어. 그러고 보면 참 이상한 인연이야. 징글징글한 동네인데 다시 돌아오고, 내가 그 집을 사게 되고."

1975년도에 대지이발관을 인수한 박 사장은 1982년, 이발관이 있던 건물을 사서 2층에 살림집을 차려 이발을 하며 세 아이를 키웠다. 같은 건물의 옆 가게에 아내가 미용 기술을 배워 미용실을 운영하기도 했다.

"전두환 대통령 때 두발 자율화되기 전까지만 해도 여학생들도 다 이발소에서 머리를 깎았어요. 여중생은 귀 아랫부분 3분의 1 정도 나오는 길이, 단발머리로 잘랐고 여고생들은 귀밑으로 자르는 게 공식이었으니까. 어린애들은 머릿니도 많았지. 특히 단발머리 한 어린 여자애들 머리가 서캐로 허옜어요. 자주 씻지를 못하니까. 물도 귀하고 명절 때나 목욕하는 정도였잖우. 바리깡으로 머리를 밀면 머리 카락보다 시커먼 때가 더 많이 밀려 나오고 그랬다구. 또, 그때는 월 부 아니면 외상이었던 시절이었잖아요. 이발도 외상으로 하는 사람 들이 엄청 많았어요.(웃음) 지금은 오는 사람이래야 옛날부터 드나들 던 오랜 단골 말고는 거의 없어요. 아주 드물게 애들을 데리고 오면 이제 내가 어색해.(웃음) 여기 내려오면서는 직원들도 다 내보내고 혼자 해요. 처음 내려왔을 때는 집사람이 면도 같은 건 도와줬는데, 그럴 만큼 바쁘지도 않아서 이발, 면도, 머리 감는 것도 지금은 내가 다 혼자 하지."

이발소가 안되기 시작한 건 1990년대부터라고 한다. 두발 자율화를 하면서 미장원이 늘어나기도 했고, 때마침 퇴폐 이발소 고발 기사가 잊을 만하면 아홉 시 뉴스에 보도되곤 하였다.

"이발소는 특별히 언제 잘됐다 이런 게 없고 꾸준하다가 갑자기 손님이 뚝 떨어졌어요. 수시로 어느 이발소에 큰 방이 숨겨져 있어 서 무슨 일이 난다는 둥, 퇴폐 이발소가 성행을 했나 봐. 인천 시내 쪽에도 좀 있었던 것 같고. 그때부터 젊은 부인들이 자기 남편을 이 발소에 안 보냈다는 게 우리가 모여서 궁리 끝에 낸 결론이에요. 요 새는 또 미장원에서 남자 이발 오천 원, 육천 원 받는데도 많으니까, 이제는 싼 맛에 노인들까지 미장원에 가는 것 같고. 근데 이게 싼 게 아냐. 내가 지금 팔천 원 받거든요. 팔천 원에 이발에 면도에 머리까

| 박정양 사장. 대지이발관이 헐린 뒤 아랫동네로 내려와 강화이발관을 운영하고 있다.(사진: 박미향)

지 감겨 주는데, 미장원에 가면 그런 서비스를 전혀 받을 수가 없거든."

대지이발관이 철거되면서 박정양 사장은 그때 쓰던 거울과 영업 허가증 등을 수도국산달동네박물관에 기증했다. 지금은 철거된 이발소 건물 자리에 들어선 솔빛마을에 살고 있다. 박 사장 역시 아파트의 삶에 아쉬움이 많다.

"아파트라는 곳은 너무 삭막해. 옛날 그 동네 살던 사람들은 가난해도 인정이 좋았어요. 근데 아파트 사람들은 내 삶만 생각하지, 타인을 배려하는 게 전혀 없어. 아무런 인정머리가 없는 거지. 젊은 사람들이 애 안고 가면 내가 먼저 애기한테 인사라도 해야지, 절대로 먼저 인사하는 법이 없어. 또, 요새는 애들도 귀엽다고 함부로 쓰다듬고 그러면 안 되잖아요. 아무리 옛날에 먹고살기 힘들었다, 험했다 해도 참, 세상이 점점 못돼지는 거야."

시간이 멈춘 듯한 강화이발관 안에는 기다란 양철 연통이 달린 연탄난로가 따뜻한 온기를 내뿜고 있었다. 기름 값이 감당이 안 돼서 연탄난로로 바꿨다. 경기가 어려워지는 요사이, 강화이발관처럼 기름 대신 연탄을 쓰는 가게들이 늘고 있다고 한다.

"서민들은 그때나 지금이나 참 살기 어려워요. 옛날에 현대시장 자리가 허허벌판일 때 거기 땅값이 엄청 쌌거든. 그거 샀으면 부자 됐을 거야. 그런데 아무리 싸도 서민들한테는 그때 돈 백 원이나 지금 돈 백만 원이나 똑같은 가격이에요. 그래서 우리같이 배짱 없고 순진한 사람들은 죽어라 열심히 일만 하면서 평생 고단하게 사는 거야."

박철원
회장

"달동네라는 말이 맘에 들지 않아요. 초가집 많으면 달동네인가? 그 시절 다들 그렇게 살았거든요. 전국에서 사람들이 몰려들면서 집 지을 땅이 없어 논이고 밭이고 집을 짓다 보니까, 다들 급하게 허름한 집을 짓고 산 거죠. 시골처럼 밥 굶는 보릿고개를 겪은 것도 아니고, 먹고는 살았잖아요."

인천동구문화예술인총연합회 회장 박철원 씨(1958년생)는 동구, 중구 같은 인천의 구도심이 '달동네'로 규정되는 것이 못마땅하다는 말부터 꺼냈다. 수도국산달동네박물관도 원도심박물관이라든가 하는 이름을 붙였더라면 좋았을 것이라고 아쉬움을 표했다. 특별한 혜택을 받은 극소수 일부를 제외하고는 누구나 줄을 서서 물을 떠다 먹고, 땟국물 흐르는 옷차림에 겨울이면 볼이고 손이고 다 빨갛게 터지던 시절이 마치 일부 빈곤층의 이야기처럼 받아들여질까 봐 내키지 않는다는 것일 터이다. 송림동 샛골에서 태어나 지금은 수도국산 아랫동네인 송현 1·2동사무소 근처 주택에 사는 그는 평생을 동구에서 살아왔다.

"70년대 말까지만 해도 여기는 달동네가 아니라 인천 최고의 번화가였어요. 영화관도 다섯 개나 있고, 식당도 많고, 나 고등학교 다닐 때까지 배다리 쪽 도로나 현대극장 앞이나 어디든 간에 러시아워 때는 사람에 치여서 걸음을 잘 못 걸을 정도로 북적였으니까요. 그만큼 사람들이 많았다는 이야기죠. 지금이야 송도나 연수구 아파트촌에 사는 사람들을 부러워하지만, 그때는 남동구니 연수구 같은 데가 깡촌 취급을 받고 거기서 통학하던 애들이 이 동네를 부러워했지.(웃음) 한때 25만까지 늘었던 인구가 지금은 7만 5,000명 정도니 반의반 토막이 난 거지. 지금은 삐까번쩍한 청라와 송도 사이에 샌드위치처럼 끼어서 인천에서 가장 작은 동네가 되어 버렸죠."

본래 대부도 출신인 외할아버지가 일제시대 때 인천에 와 목수 일을 하면서 이곳에 정착을 했다. 샛골 등 기와집이 많은 동네의 까만 기와집들과 지금은 헐린 서림국민학교(초등학교) 본관 건물 등을 박 씨의 할아버지가 지었다고 한다. 어머니가 서림학교 1회 졸업생이고, 박 씨는 서흥국민학교 3회 졸업생이다.

"그때는 애들이 하도 많아서 아침반 점심반도 모자라 저녁반을 한

적도 있어요. 송림이나 송현, 서림학교 같은 오래된 학교 말고도 이 코딱지만 한 동네에 서흥이니 서화니 국민학교가 줄줄이 지어질 때니, 순식간에 얼마나 인구가 급팽창했다는 이야기예요. 밭에다가 서흥학교를 지었는데, 여기가 복개가 다 안 된 개천이었잖아요. 그래서 공사에 문제가 생겨서 제때 전학을 못 오고 서림에서 더부살이를 했어요. 그때 교실이 모자라 저녁반을 한 거죠. 그리고 서흥 다 지은 다음에는 서림과 송림에서 아이들을 좀 덜어 오고, 또 서화를 지은

원도심 문화에 대한 자부심이 강한 인천동구문화예술인총연합회 박철원 회장(사진 제공: 박철원)

다음에는 서홍에서 재학생을 덜어 가고, 사람들이 늘어날 때는 이런 식으로 전학도 아주 흔했죠."

갯골 가까이에 지은 서홍국민학교는 큰비가 오면 물이 넘치기로 유명했다. 하얗게 태운 연탄 한 장은 등교하는 아이들의 필수품이었다. 푹푹 발이 빠지는 질척질척한 땅을 메우기 위해서였다.

"내가 어릴 때만 해도 자유공원에 올라가면 누런 돛을 단 황포돛배들이 짐을 잔뜩 싣고 부두에 들어오는 풍경이 낯설지 않았어요. 신안이나 목포에서 소금, 조개젓, 굴비, 갖은 거 싣고 다 인천항으로 왔으니까. 저녁에 해질 때 보면 멀리 기러기들이 날고 황포돛배가 들어오는 모습이 그림이에요. 매일 공 차다가, 또 심심하면 시장에서 생선 말려 놓은 거 훔쳐다 구워 먹고 놀다가도 저녁이 되면 그걸 보러 친구들과 공원에 올라가고 그랬어요. 또, 현대극장 주변에 말발굽 편자 만드는 대장간도 있었어요. 거기 주변에서 놀다가 대장간에서 물건 만들다 떨어진 쇳조각 같은 거 있으면 주워 가고 그랬지. 사실 트럭이나 자동차로 물건을 실어 나른 게 얼마 안 돼요. 배다리 로타리 지성소아과 앞에 리어카 부대가 있었어요. 경동시장 가구점에서 가구를 사면 리어카꾼이 장롱도 배달하고, 화장대도 배달하고 그랬지. 70년대 말까지만 해도 리어카가 주요 운송 수단이었어요. 우리 마누라도 결혼할 때 리어카에 가구를 싣고 집으로 들어왔으니까."

박 씨의 어머니는 생활력이 강했다. 군악대 출신으로 "송해 아저씨 하고 다니면서 나팔도 불고 그랬다"는 아버지는 사실상 한량에 가까 웠고, 어머니가 외판원도 하고 가게도 꾸리면서 자식을 키웠다. 어머 니는 독실한 크리스천이었다. 그런 어머니를 따라 박 씨와 형제들도 송현감리교회를 열심히 다녔다고 한다.

"내리감리교회 담임 목사셨던 이복희 목사님이 우리 동네 송현교 회 목회하실 때였어요. 가을이면 할아버지가 다시 내려간 시골(대부 도)에서 고구마며 쌀이며를 보내셔서, 우리는 그래도 다른 친구들에 비하면 밥술이나 먹은 편이지. 한 해는 고구마가 올라왔는데, 그럼 어머니가 큰 솥 하나를 가득 채워서 삶아. 다른 집은 고구마를 삶으 면 아버지 먼저 드리는데, 우리 어머니는 하나님 아버지가 먼저야. 그래서 이복희 목사님네 집에 큰 소쿠리를 채워서 갖다 드리라 그 래. 송현교회가 그때도 제법 큰 교회였는데, 힘들게 살 때니까 목사 님네도 넉넉하지가 못했어요. 말이 사택이지 하꼬방인데, 가니까 축 복 기도를 해 주세요. 백 권사님과 철원이에게 축복을 내려 주시고 어쩌구 저쩌구 기도를 하는데, 이걸 짧게 하면 괜찮은데 너무 길게 하시는 거야.(웃음) 그러니까 사모님이 참다못해서 중간에 고구마를 까서 드시더라구.(웃음) 쩝쩝 소리가 나서 눈을 뜨고 보는데, 난 차마 기도 중간에 먹지는 못했고. 기도 끝난 다음에 목사님이 '어이, 사 모, 그거 기도 끝나고 먹지 뭐가 그렇게 급하다고 기도 중간에 잡숴 요?' 이러니까 사모님이 '고구마 식으면 맛없어요. 철원아, 안 그러냐?' 말씀하시던 생각이 나네요. 그렇게 배도 고플 때고, 정도 많을 때고, 목사님 아니라도 옆집 사람이랑 늘 뭔가 나눠 먹고 그랬어요. 제삿날이면 없는 형편이라도 부침개 쪼가리라도 나눠 먹고 그랬으니까, 어린애들이 남의 집 제삿날도 다 알고 있을 정도였어요."

공동 수도, 공동 화장실, 공동 전깃줄, 공동 목욕탕. 1960~1970년대 서민 동네를 규정짓는 단어 가운데 하나는 '공동'이다. 박 씨는 어린 시절 라디오까지, 남녀 목욕탕의 물까지도 '공유'했던 걸로 기억한다.

"60년대까지 공동 수도 많이 썼지요. 그 시절에 물이 귀하니까 집집마다 목욕탕도 없었어요. 지금 동구청소년수련관 자리에 노동회관이 있었는데, 거기에 이발소도 있고 미용실도 있고 목욕탕도 있었어요. 사람이 씻고 살아야 하는데 생전 안 씻으니까 정부에서 지어준 거지. 거기 들어가서 목욕하는데, 여탕 남탕을 어떻게 구분을 했냐면 물탱크 하나 안에 가운데를 엉성하게 칸으로 막아 놨어. 물속으로 들어가면 쌍방통행인 거야.(웃음) 남녀가 물을 같이 쓰는 거지. 그 물에 때는 또 좀 많아. 조바(잔심부름하는 아이)들이 가끔씩 잠자리채를 가지고 휘휘 때를 걷어 내면 그게 청소야.(웃음) 또, 텔레비전 나오기 전에는 라디오 있는 집도 드물 때니까, 지금으로 말하면 유선방송 같은 게 있었어요. 집집마다 전깃줄을 연결해서 스피커 같은 것만 설치하는 거죠. 그럼 노동회관에서 트는 라디오를 집에서 들을 수 있었어요. 성우 유기현 씨가 하는 〈전설 따라 삼천리〉도 듣고. 지금 시골에서 이장이 방송하는 걸 집집마다 듣는 것과 비슷한 거죠. 그러고 나서 60년대 후반쯤 되니까 만홧가게에 텔레비전을 들여놨어요. 갈 때마다 쿠폰 같은 걸 줘서, 그거 몇 개 모아 오면 공짜로 보여 주거나 돈 5원 받고 보여 주거나 했지. 아니면 동네 텔레비전 있는 집에 가서 구경을 해야 하는데, 그런 데는 주인집 아들딸이 손 검사, 발 검사를 한다구. 깨끗이 씻고 들어오나 확인한다구. 우리 어머니가 그 이야기를 듣고 부아가 나서 그날로 텔레비전을 사 오셨어요. 그다음부터는 내가 친구들 손 검사를 했지.(웃음)"

박 씨는 동구에서 고등학교와 대학까지 마치고 일을 했다. 한 번도 이곳을 떠나 본 적이 없고 떠날 생각도 해 본 적이 없다. 그렇기 때문에 이 동네가 "재개발 때문에 망가진 동네가 된" 것에 누구보다 큰 아쉬움을 품고 있다. 반면, 또래의 장년층 지인들 대부분은 여전히 동구 지역의 대대적 재개발을 기다리고 있다.

"지금 건설 회사 다니는 친구들도 부천 밑으로 아파트 지으면 죽는다고 하는데, 하물며 이놈의 동구에 대단지 아파트를 짓겠다는 건 말이 안 되는 거지. 거기 미련을 가지고 있으면 해결이 안 돼요. 그런데 아파트 지으면 보상받을 생각만으로 거주할 생각도 없는 사람들이 집을 막 사면서 공가가 560세대나 돼요. 그러면서 점점 더 망하는 길로 온 거야. 송도와 청라 사이에 처량맞게 꼽사리 끼어서 살아가야 하는데, 동구에는 송도나 청라에 없는 게 딱 하나 있어요. 고

인천 동구가 번성할 때 대형시장 주변으로 술집과 여인숙들이 즐비했다.
이제는 간판만 남은 배다리 뒷골목의 여인숙.

향. 짐승도 회귀본능이 있는데, 사람은 누구나 자기가 자라난 곳, 자기 뿌리를 찾아가고 싶어 하는 게 당연하거든. 그게 원도심 문화인 거고. 내 생각에 동구가 살아남으려면 이 방법밖에 없어요. 그러려면 우선 집수리도 하고 구민들이 불편하지 않게 살 수 있게끔 해야 해요. 한꺼번에 갈아엎을 생각 접고, 사라져 가는 것들을 보존하고 복원하고, 거기에 담긴 스토리들을 형상화하고, 이런 작업들을 이제 해야 해요. 그렇지 않으면 살길이 없다는 걸 사람들이 더 늦기 전에 알아야 한다구."

유동훈
선생

　　매서운 바람이 잠시 누그러진 2015년 초 '기찻길옆 작은학교'를 찾았다. 인터뷰를 요청하기 위해 통화를 했을 때의 차분하면서도 약간 높은 톤의 목소리에서 예상했던 모습과 달리 유동훈 선생은 말썽장이 십 대 사내아이 정도는 간단히 힘으로 제압할 수 있을 것 같은 건장한 체구의 소유자였다. 목소리는 여전히 차분하고 부드러웠지만, 약간 맥이 빠진 듯한 느낌도 들었다. 며칠 전 공부방을 떠난 아이가 계속 그의 마음 한구석을 잡고 있었나 보다. 다른 이야기를 하다가 무심한 듯 툭, 속내가 튀어나왔다.

　　"며칠 전에 한 녀석이 공부방에서 나갔어요. 할머니가 업고 다니던 애기 때부터 보던 친구인데 이번에 고2 올라가요. 이 나이 때 가장 큰 위기가 오는데, 이 친구도 결국 버티지 못한 거죠. 울면서 미안하다고 하고는 나갔어요."

목소리는 덤덤했지만, 늘 가족처럼 반겨 주고 어리광도 부릴 수 있는 이들이 기다리는, 어쩌면 아이의 유일한 휴식처일 공부방을 떠나는 소년의 앞날이 얼마나 더 고단하고 아플지 걱정하며 밤잠 설쳤을 안타까움이 짐작됐다.

"지금 40명 정도 아이들이 있는데 보통은 초등학교 때 와서 중, 고등 때까지 쭉 가요. 그러다 고등 1, 2학년 때 나가는 아이들이 생겨요. 전문계고 가는 친구들을 지키기가 굉장히 힘들어요. 밖에 가면 유혹하는 것들이 많잖아요. 같이 놀자고 하는 친구들도 많고. 아이들이 공부방을 좋아하고 편해 하면서도 학교에서 어울리는 친구들에게는 여기 이야기를 안 해요. 이곳의 문화를 다른 친구들이 이해하기 힘드니까. 그렇게 이쪽과 저쪽을 방황하다가 이쪽을 포기하는 거죠."

옆에 앉아 있던 여자 선생님이 말을 거든다. 유동훈 선생의 아내인 김수연 선생이다. 이들은 공부방에서 선생님이 아니라 '이모', '삼촌'이라고 불린다. 다른 선생님들도 마찬가지다.

"방황을 시작하면 1, 2년은 버텨요. 매일 학교 끝나고 일곱 시면 공부방에 와야 되는데, 그 나이 때 오기 싫을 때도 많죠. 말도 없이 며

기찻길옆작은학교 외벽에 설치된 벽화

칠씩 안 오다가 나타나면 이모 삼촌이 혼내기도 하고 달래기도 하면서 붙잡으려고 하는데, 결국 유혹을 이기지 못하고 나갈 때는 자기도 죄송하다고, 근데 아무것도 하고 싶은 게 없고 할 것도 없고 그냥 놀고 싶다고, 울면서 인사해요. 우리도 울면서 보내죠.

떠나는 아이들에게 어떤 말을 해 주느냐 물었더니, 유 선생 답변이 간결하다. "조심하라고, 공부방은 여기 있으니 힘들 때나 필요할 때 다시 오라고, 애기 너무 일찍 낳지 말고,(웃음) 그렇게 말하고 보내죠."

기찻길옆작은학교는 『괭이부리말 아이들』의 김중미 작가가 1987년 만석동에서 빈민 활동을 시작하며 처음 열었던 아가방에서 공부방으로 바꾸어 문을 열면서 자리 잡은 이름이다. 유 선생은 대학 2학년이던 1989년 이곳에 왔다. 아이들을 돌보고 같이 놀고 공연도 준비하고 동네와 아이들의 모습을 사진으로, 그림으로 담는 게 "재밌어서, 내가 좋아하는 일이라는 걸 알게 돼서" 이곳의 상근자가 되었다. 유 선생 부부를 비롯해 상근 교사가 다섯 명, 비상근으로 일하는 이들은 훨씬 더 많다. 재미있게도, 그중 부부 교사가 열한 커플이나 된다. 유 선생과 김 선생처럼 자원 교사로 일하다가 부부가 되기도 하고, 이곳에서 성장한 아이들이 자원 교사를 하다가 가족이 되기도 하고, 교사와 학생으로 만나 부부가 되기도 했다. 정확히 말하면 열한 '커플'이 아니라 열한 '가족'이다. 부부를 이루어 낳은 아이들이 공부방에서 동네 아이들과 같이 자라고, 그들이 커서 또 자원 교사를 하는 경우가 많기 때문이다. 유 선생 부부의 대학생 큰딸을 비롯해 교사 집 아이들 몇몇은 아예 이 작은학교를 집 삼아 공동생활을 하면서 동생들 공부를 가르치고, 교사들과 청년들이 함께 만든 '칙칙폭폭 인형극단'에서 기획한 아동, 청소년 대상 인형극 심리치유 워크숍도 하는 등 바쁘게 생활한다.

기찻길옆작은학교는 김중미 작가뿐 아니라 아이들이 공연하는 인형극으로도 외부에 알려져 있다. 이모, 삼촌들과 함께 공부하고 아이들끼리 어울려 놀고 하는 일상 외에 아이들에게 가장 중요한 일이 해마다 한 번씩 하는 인형극 정기 공연이다. 공연을 하기 6개월 전부터 공부방은 준비 태세에 들어간다. 평일 이틀 주말 하루, 일주일에 사흘은 공연 준비에 매달린다. 학교를 찾아간 날도 1층 책장 위에 수작업으로 제작 중인 인형들이 나란히 놓여 있었다. 교사들은 주로 인형을 만들고, 큰 언니와 형들이 공연에서 인형을 움직이고, 어린 동생들은 주로 성우를 한다. 하지만 일을 딱 나눈 것은 아니고 모두 같은 공간에서 함께 머리를 맞댄다. '칙칙폭폭'이라는 극단 이름도 갖추었다.

"위축되고 자신 없는 아이들에게 또 하나의 꿈이나 힘을 주고 싶었어요. 우리가 하는 인형극, 우리의 이야기로 세상 사람들과도 감동을 나눌 수 있다는 것을 보여 주고 싶어서 춘천인형극제에 나갔지요. 나간 첫 해에 특별상을 타고 자신을 얻어 다음 해에 나가 대상을 탔어요. 대상을 탄 그해에 아이들과 약속한 대로 인형극단을 만들었어요. 또, 인형극은 나를 전면에 내세우는 게 아니라 내 분신을 내세워서 이야기하는 방식이기 때문에 수줍음 많은 아이들에게 더 잘 맞더라구요. 힘없고 약한 사람들을 찾아가서 공연을 하며 우리의 공연

으로 힘을 주고 나눌 수 있다는 자부심도 가지게 됐구요. 아이들 중
에는 인형극을 워낙 좋아해서 공연 관련 쪽 전공을 선택한 친구도
생겼어요. 이런 친구들이 동생들을 가르치고, 이런 구조가 되면서
구력도 생겨나는 거죠."

공부방에서 같이 성장한 대학생 둘과 중학교 졸업 뒤 검정고시를 준
비하던 아이, 이모, 이렇게 넷이 창작 집단 '도르리'도 만들었다. 도르

해마다 펼치는 인형극 정기 공연을 위해 제작 중인 인형들. 교사와 학생들이 합심해 공연을 준비한다.

리는 아이들과 함께 공연한 인형극을 그림책으로 옮겼다. 스톱모션 애니메이션처럼 완성한 〈6번길을 지켜라 뚝딱〉이 그것이다. 인형극부터 그림책까지, "이런 걸 한번 해 보면 어떨까" 몽상처럼 이야기했던 것들을 교사와 아이들이 힘 합쳐 차곡차곡 현실로 만들었다. 베네수엘라 빈곤층 청소년들이 음악으로 꿈을 펼친 '엘 시스테마'의 인형극 버전 같다는 생각이 드는 사람도 있을 법하다. 하지만 이것은 성공 스토리가 아니라 과거부터 지금까지 이어져 온, 아마 앞으로도 오랫동안 이어질 분투기의 일부일 뿐이다.

"이전에 비하면 동네에 아이들이 거의 없어요. 공가들도 많고, 젊은 사람들은 많이 떠났어요. 가장 크게 변한 건 아이엠에프 전후였어요. 그전에는 좁은 골목이 늘 복닥거리고 매일매일 싸움 나고 아이들은 다 길에 나와 놀았죠. 이 건물로 이사 오기 전, 저쪽 건물 여덟 평 방에 초등학생만 서른다섯 명이 넘게 들어찼으니까요. 그랬던 동네 한가운데가 쭉쭉 비어 가더라구요. 가난한 동네의 문제는 늘 있었지만 그래도 전에는 공동체성이라는 게 살아 있었어요. 아이들 엄마 아빠가 공부방 일에 더 열성이셨죠. 그런데 아이엠에프 터지고 건축 시장 무너지니까 동네 사람들 일자리가 사라진 거죠. 남자들은 아예 일자리를 포기하고 목재 공장 다니던 엄마들은 몇 년 동안 일자리 없이 고생하다가 서비스업으로 빠지게 됐죠. 제가 그때 우유 배달을 했는데 아이들 행색이 전보다 훨씬 더 꾀죄죄해지는 게 눈에 띄더라구요. 전쟁 통처럼 빠져나가는 집들이 늘어나고 가정이 해체되면서 제일 약한 아이들의 삶도 더 힘들어지게 된 거죠. 그 이후로 어른 애 할 것 없이 마을 전체가 무력감에 빠진 거 같아요."

"건강하게 사셨던 부모님들의 삶이 망가지는 걸 지켜보는 게 가장 고통스러웠어요." 김수연 선생의 얼굴이 어두워졌다.

"그때가 가장 위기였던 거 같아요. 저희 역시 큰 무력감에 시달렸어요. 아이들이 줄고 늘고의 문제가 아니라 우리가 여기서 하는 일이 의미가 있을까, 우리가 중요하게 여기는 가치를 언제까지 지킬수 있을까, 이런 고민을 계속 했죠. 그때 또 바뀐 게, 먹고살기는 더힘들어졌는데 어른 아이 할 것 없이 소비 중심적으로 바뀐 거예요. 엄마가 식당에서 일하거나 마트 계약직은 아주 잘된 축이고 그런데, 가끔 아이들이 비싼 브랜드 점퍼를 입거나 핸드폰을 들고 공부방에와요. 그게 요즘 문화가 돼 버렸으니까요. 야단도 치고 잔소리도 하지만 개인의 선택을 다 막을 수도 없고, 손댈 수 없는 지경이 된 거예요. 또, 옛날 같으면 이런 문제들, 시시콜콜한 아이들 이야기도 부모님들하고 나눴는데 그게 안 되기 시작했거든요. 무기력한 시간이 길어지면서 아이들 문제에서도 더 어떻게 해야 할지 모르는 무력함이 더 심해진 거죠. 이모 삼촌들 이야기를 외면하고 싶어지고."

아이들이 떠나간 자리는 시간이 지나면서 밀리고 밀려 이 동네로 들어온 새로운 이웃의 아이들과 근처 아파트와 빌라에 사는 아이들이 하나둘씩 채웠다. 또, 그사이에 김중미 작가 부부와 다른 두 가족이 주축이 되어 강화도에서 농사를 지으며 공부방을 만들었다. 강화도 아이들과 함께하는 장소이면서 만석동 기찻길옆작은학교 아이들의 또 하나의 집 같은 곳이다. 주말과 방학 때 아이들은 강화도에 가서 농사도 짓고 캠핑도 한다.

"유난히 마음을 못 잡고 방황을 하던 친구들이 있었어요. 잡히면

끌고 오기도 하고, 붙잡고 울면서 매달려도 나아지지 않았어요. 한 번은 끌고 가다시피 해 괴산으로 아이들 전체와 함께 가는 여름 캠핑을 데려갔는데, 농사를 짓는 공동체가 있는 곳이었어요. 그곳에서 농사일을 하면서 그렇게 즐거워하더라구요. 이런 일 하면서 살면 좋겠다고 그러는 거 보면서 아이들이 농사를 지을 수 있는 기반을 만들어 봐야겠다는 생각으로 처음 김중미 씨 부부가 농촌으로 이사를 했던 것이죠. 지금은 대여섯 명씩 모둠별로 체험 학습도 하고 중고등부 아이들은 한 달에 한두 번씩 농사일을 체험하러 오가고 방학 때는 초등부, 중등부, 고등부별로 강화 집에 와서 먹고 자고 놀고 가고 합니다. 애들이 강화 집 가는 마을 입구만 들어가도 (가슴 쪽을 가리키며) 여기가 탁 트인대요."

웃으면서 "난리도 아니었다"고 표현했지만 한창 예민할 나이, 빈곤과 가정 해체 등 성숙한 어른도 감당하기 힘든 가혹한 결핍을 경험하는 아이들이 무모하게 자신을 내던지며 얼마나 삼촌, 이모의 속을 까맣게 태웠을지는 짐작하기 어려운 일이 아니다.

"그래도 어른과 다르게 아이들에게는 순정이 있어요."

아무리 붙잡고 설득해도 등을 보이며 떠나는 아이들 탓에 힘이 빠져도 이모와 삼촌들이 작은학교를 지켜 내는 이유가 바로 아이들의 그 '순정'에 있을 터이다.

"한 부모 아이들도 많고 경제적으로도 힘들고, 심리적으로 불안정한 친구도 있고, 사람을 힘들게 하고 폭력적인 아이들도 있어요. 그래도 아이들은 순정이 있기 때문에 분위기를 잘 만들어 주고 다독여 주면 날카로운 가시를 누그러뜨려요. 물론 못 견디고 떠나는 친구도 있긴 하지만 이런 과정을 잘 버틴 친구들은 남보다 더 성장하고 성숙한 품성을 가지게 되는 거 같아요. 아무 아픔이 없는 것보다 아픔이 있는 게 사람을 더 풍부하게 만든다고 아이들에게도 늘 이야기를 하죠. 공부방 초기에 오기 시작해서 벌써 마흔 가까이 된 친구도 있어요. 멀리서 일을 하거나 사정이 있어서 찾아오지는 못하지만 제일 힘들 때, 제일 좋을 때 공부방이 생각난다고 해요. 뿌듯하다기보다는 이 공간이 여기에 있어야 하는 이유인 거죠. 힘들 때 돌아오고 싶은 집 같은 곳일 수도 있고. 기찻길옆작은학교에 대해서 듣고 방문 온 분들 중에 '이렇게 열심히 하시니까 훌륭하게 된 분들도 많겠어요?' 이런 질문들 하시는데, 훌륭해진다거나 성공이라는 건 중요하지 않아요. 교사가 되든 공장 노동자가 되든, 이 아이들 덕에 우리 가치관을 지킬 수 있었던 거고 걔네들한테도 그런 게 남아 있을 테니, 그게 우리가 공부방을 하는 이유이기도 하고요."

......

시간이 한참 흐른 어느 날,
눈 깜빡할 사이에 담은 무너지고
대기업 공장은 쳐다볼 생각도 말라는 듯

팽이부리말 동네와 사람들의 삶을 담은, 기찻길옆작은학교 상근 교사 유동훈 씨의 사진집 『어떤 동네』(낮은산 펴냄)에서.
아이들이 놀던 공터에는 건물이 들어섰다. (사진: 유동훈)

곱절은 높아진 위협적인 철제 담장이 들어섰다.

하지만 낡은 담벼락에 기대어 섰던 아이들은 무럭무럭 커 나갔다.

어떤 아이는 대학생이 되어 친구, 동생들과 함께

공부도 하고 인형극도 하며 공동체의 꿈을 함께 꾸고 있다.

어떤 아이는 노동자로 성장해

조선소에서 계약직 노동자로 용접을 한다.

또 어떤 친구는 특수교사의 꿈을 꾸고, 어떤 친구는 가게의 점원으로

일을 하며 성실히 자신의 장래를 설계한다.

또 어떤 친구는 군인이 되어 인내의 시간을 보내며

다시 동네로 돌아올 시간을 손꼽아 기다리고 있다.

담은 무너졌지만 그때를 빛냈던 아이들은 아직도 동네에 남아 있다.

그리고 각자의 삶을 이어 간다.

—「담장」 중에서 (유동훈, 『어떤 동네』)

박혜민
학생

　　박혜민 씨는 배다리에 갔다가 우연히 스페이스빔을 구경 삼아 들르면서 알게 되었다. 설치물들이 흩어져 있는 한쪽 책상 위에 쌓인 팸플릿들을 몇 개 집어 왔다. 6·4 지방선거를 앞두고 시민 입장에서 도시에 대한 생각을 공유하는 전시 겸 바자회 〈"내가 후보다!" 사용 설명서〉 팸플릿을 보다가 '집'이라는 제목에 눈길이 갔다. 이렇게 적혀 있었다.

　　22년 동안 인천에서 살면서 한 번의 이사를 했다. 13년 동안 쭉 살아온 송림동이 재개발이 된다는 소식에 온 가족이 연수동으로 이사했을 때다. 그때 나의 집은 주택에서 아파트로 바뀌었다. 학교 기숙사에서 1년 살기도 하면서 나는 나에게 집은 어떤 의미인지, 집을 거점으로 한 공동체가 어땠으면 하는지 늘 고민했다. 이 책자는 그 고민의 과정이다. 내가 살아온 집에 대한 나의 단상과 그 집들을 채울 소소한 아이디어들을 담았다.

아파트가 보편적 주거 양식이 된 요즘은 거꾸로 주택에 대한 향수가 늘어난다. 은퇴자들뿐 아니라 젊은 사람들도 마당이 있는 집에서 아이를 키우고 싶어 하고, 작은 텃밭에 고추, 상추를 직접 키우는 보람도 느끼고자 한다. 하지만 통학이나 통근 거리, 잠재적인 부동산 가치 등을 계산할 때 말고, 자기가 정주할 동네나 마을 공동체에 대해서 진지하게 고민해 보는 사람이 얼마나 될까. 혜민 씨가 궁금했다. 바로 이메일을 찾아내 인터뷰 요청을 했다.

학교를 1년간 휴학하고 사회적 자본 공유 기업 '위즈돔'에서 일하고 있던 그로부터 바로 응답이 왔다. 혜민 씨의 제안으로 토요일 오전에 동구 청소년수련관(구 노동회관) 앞에서 만나 그가 어린 시절 놀던 골목을 함께 산책하며 이야기를 나누었다.

"여기 살 때 청소년수련관이 생겼어요. 중국어 교실도 있고 거의 제 동선은 수련관 가거나 그 옆에 피아노 학원 가거나 학교 가고 성당 가고 가끔 할머니 따라서 현대시장에 장보러 가기도 하고 걸어서 10분, 15분 되는 골목길이 전부였어요. 여기 유치원으로 바뀐 건물은 옛날 평화목욕탕이었고, 그 앞에 슈퍼는 그대로 있네요. 중국집도 그대로고. 저희 집에 커다란 등나무가 있어서 '등나무집'이라고 불렀는데, 중국집에 달려가서 '짜장면 세 그릇, 등나무집이요', 그러면 배달해 주시고 그랬죠. 중국집 딸도 저랑 동갑이라 친구였는데."

혜민 씨는 가게 하나하나를 짚어 가며 골목 안내를 한다. 변한 게 별로 없다. 그가 "회귀본능인가?"라고 스스로 물으며 언젠가 다시 돌아와서 살고 싶은 이유이기도 하다. 이제 등나무는 없어졌지만 대문 옆 장미나무는 여전히 건재한, 그가 살던 집 앞에 도달했다.

"아주 추운 날만 아니면 이 집 앞 골목에서 주로 놀았어요. 여름만 되면 집 앞 골목에 할머니들이 다 나와서 앉아 계시고, 저는 친구들이랑 여기서 '하늘땅 별땅' 그려 놓고 놀았어요. 롤러블레이드도 타고. 친구들이 다 옆 피자 가게 딸이고, 세탁소집 딸이고 그랬죠. 아침마다 우리 집 앞에서 친구들하고 모여 학교에 같이 갔어요."

혜민 씨가 스페이스빔 게시판 '시각마당'에 올린 글 〈낡은 가치에 대하여〉를 보면 어린 시절 동네에서 놀던 추억이 더 생생하다.

집과 마당, 골목은 내 놀이터였다. 계단 사이에 앉아 위 계단을 책상, 아래 계단을 의자 삼아 학습지를 풀기도 하고, 계단 난간에 이불을 늘어놓고 움집을 만들어 그 안에 들어가기도 했다. 돗자리를 끌고 나가 펴고 누워 별을 구경하기도 했다. 여름이면 현관문을 열고 동네 언니들이랑 마루에 앉아 집 마당에서 키운 봉숭아로 손톱을 물들였고, 친구들과는 마당에서 집 안까지 뛰어다니며 물총 놀이를 했

안송림에서 태어나 중학교 때 아파트로 이사 갈 때까지 자란 박혜민 씨의
어릴 때 모습(사진 제공: 박혜민)

다. …… 굳이 요즘처럼 '마을 공동체'라는 언어를 붙이지 않아도
자연스럽게 서로의 삶들에 얽혀 있었다.

혜민 씨와 늦둥이 동생은 수도국산 아랫녘의 '등나무집'에서 태어나
쭉 자랐지만 언니는 엄마, 아빠가 신혼살림을 차렸던 송림6동 산동네에
서 태어났다. 초등학교 교사인 엄마가 직장에 가 있는 동안 언니를 돌보
느라 할머니가 오르락내리락하시다가 본래 이 집에 살던 큰아버지네 가
족이 남구 쪽의 아파트로 이사를 나가고 혜민 씨네 가족이 이 집으로 들
어왔다. 그때 2층을 올려 제법 널찍해진 집에서 부모님과 할머니, 할아
버지와 세 자매가 연수동 아파트로 이사 갈 때까지 13년을 살았다.

"초등학교 졸업할 무렵 동네 재개발이 되면서 이사 갔어요. 할머니 할아버지 돌아가시면 집 관리가 힘들 거라는 어르신들 걱정이 있었고, 또 재개발 바람에 동네도 어수선하고 시끄러워지니까 아파트로 가기로 결정한 거 같아요. 그래도 가끔씩 식구들이랑 이 동네에 놀러 와요. 해마다 겨울옷 드라이 맡길 때도 늘 이 동네서 다니던 세탁소로 오구요, 서흥초등학교 앞 분식집 아줌마, 문방구 사장님, 계속 여기서 장사하니까 오랜만에 만나도 다들 기억해 주세요. 여기 후문 앞 분식집 삼 형제도 다 같은 학교 다녔으니까 요새도 오랜만에 가면 '아주머니, 막내는 요새 뭐해요?' 묻고 '군대 갔어', '벌써 군대 갈 나이 됐어요?', 이런 이야기 편하게 하고, 아파트촌에서는 상상하기 힘든 정겨운 분위기잖아요."

동네에 대한 혜민 씨의 관심과 애정은 성인이 된 다음 불현듯 찾아온 게 아니다. 중학교 때 이미 만석동 달동네 주거 문제에 대한 연구 보고서를 만들어 대회에서 입상했다. 아빠 손을 잡고 '기찻길옆작은학교' 정기 공연을 보러 다니면서 만석동 재개발 문제에 관심을 가지게 되었다고 한다. 고등학교 때는 배다리 산업도로 문제로 리포트를 쓰고 홍대 앞 두리반 농성 때 강제퇴거감시단 활동에도 참여했다. 이쯤 되면 그녀의 부모님이 궁금해진다.

"아버지는 강화도에서 태어나 인천에서 자라셨어요. 할머니, 할아버지는 이북에서 내려오셨구요. 대학 때 가톨릭 학생운동을 하면서

박혜민 씨가 살던 송림동 골목에 옛 모습 그대로 남아 있는 미장원

여기서 야학을 하셨는데, 엄마가 야학 수업을 다니면서 두 분이 만나셨대요. 아빠는 종교 진보 운동을 해 오셨는데, 우리 자매가 어릴 때부터 현장에 많이 데리고 다니셨어요. 그중에서도 제가 가장 열심히 쫓아다니고 유독 재밌어했던 거 같아요. 그래서 자연스럽게 만석동 재개발 문제나 배다리 산업도로 문제에도 관심이 갔던 거 같아요."

혜민 씨가 살던 집에서 쭉 내려오다 서흥초등학교를 끼고 길을 꺾었다. 학교 앞 혜민 씨가 태어난 황산부인과도 그대로 있고 현대시장도 그대로다. 현대극장은 혜민 씨가 어릴 때 이미 대형 슈퍼로 바뀌어 있었다.

"아파트 아이들과 주택가 아이들이 조금 달랐던 점은, 아파트 사는 아이들은 학원을 많이 다녔던 거 같아요. 걔네들은 부모님이 맞벌이 하는 경우가 많았거든요. 반면, 주택가 아이들은 저처럼 할머니나 할아버지랑 사는 아이들이나 가게 집 아이들이 많았죠. 가끔 친구 사는 아파트 놀이터 가는 게 재밌었죠. 주택가에는 따로 놀이터가 없잖아요. 저 어릴 때만 해도 지금처럼 친구네 집 놀러갈 때 부모님 허락받고 그런 것도 없었어요. 학교 앞 분식집에서 떡볶이 사 먹고 그 옆에 퐁퐁(트램펄린) 타고 오늘은 우리 집 내일은 너네 집, 이렇게 놀러 다니는 게 일상이었죠."

혜민 씨가 다녔던 서홍초등학교 교정을 한 바퀴 둘러본 뒤 현대시장 으로 향했다. 어린 시절 할머니를 따라가면 장바구니를 들어 드리고 만두나 떡꼬치 등 맛난 주전부리를 얻어먹을 수 있어 늘 즐거워하던 길이었다.

"옛날에는 모든 게 다 '시장 간다'는 말로 통했던 거 같아요. 시장 안에 빵집도 있고, 슈퍼도 있고, 치킨집도 있고, 약국도 있고, 병원 도 시장 옆에 있으니까 진료 받은 다음 시장 보고, 치킨 먹고 싶어도 시장 가는 거고, 옷 사러도 시장에 왔었어요. 여기 '홍당무'라는 가 게에서 많이 샀어요. 저 어릴 때는 현대동부시장이라고 했어요. 현 대시장 쪽은 옷 가게나 주전부리 가게가 많아서 친구들하고도 자주 구경 왔던 거 같고, 동부시장 쪽에는 수산물 가게나 어른들이 주로

태어나고 자란 송림동 집 앞에 선 박혜민 씨. 요즘도 종종 동네에 놀러 오곤 한다.

가는 반찬 가게가 많았던 거 같아요. 또, 오일장처럼 좌판을 깔고 햄
스터나 토끼, 자라 같은 애완동물 파는 가게도 있었는데 지금은 다
사라졌네요. 저희 집은 지금도 명절 때면 현대시장 단골집에서 장을
봐 가요. 제품 질도 좋고 오랜 단골이니까 좀 싸게도 해 주잖아요.
오래 같은 자리를 지키고 있는 가게들이 있으니 가능한 이야기겠죠.

현대극장 옆 파리바게트 자리에 원래 거북당이라고 진짜 유명한 빵집이 있었는데, 이사 가고 몇 년 뒤 다시 와 보니까 없어진 거예요. 그때 언니랑 같이 얼마나 속상해했던지……."

시장에서 혜민 씨는 "아, 좋다!" "예쁘다!"를 연발하며 핸드폰 사진을 찍었다. 이 사진을 에스엔에스에 올리면 어떤 친구들은 "낡은 게 뭐가 좋아? 왜 좋아?" 묻기도 하고, 그녀를 아는 친구들은 "복고풍 취미"로 이해하기도 한다. "사진을 찍어서 올리면 친구들이 신기해해요. 재래시장은 여행을 가면 놀러 가는 코스지, 일상이라고 생각하지 않는 거죠." 중앙대학교에 들어간 뒤 혜민 씨의 관심은 자연스럽게 흑석동의 오래된 동네와 재개발 문제로 향했다. "규칙 없이 포개져 모여 있는 집들도, 길을 잃기 일쑤인 골목골목들도, 걸어서 10분 거리면 닿는 시장"까지 송림동을 쏙 빼닮은 이 동네에서 혜민 씨는 '흑석동의 모든 것' 프로젝트를 만들어 기고를 하고, 마을 영화제를 기획하기도 했다.

"이제 학교로 돌아가면 2012, 2013년에 했던 '흑석동의 모든 것' 프로젝트를 다시 하고 싶어요. 아직 다듬어지지 않긴 했는데 지역 안에서 사람들이 재미를 느꼈으면 좋겠어요. 이를테면 대학생들이 자신이 하고 싶은 일들을 하는 데 실패와 기회비용에 대한 두려움 때문에 어려워한다면, '네가 살고 있는 이 동네에서 해 봐'라고 제안하는 거죠. 대학 졸업 후에도 주거 문제나 '마을'이 계속 제 삶의 화두가 되겠지만, 어떤 방법으로 풀어낼지는 아직도 고민 중입니다.

또, 얽히고설킨 이 이슈 중 어떤 것에 더 집중할지도요. 그래서 요즘은 해 보고 싶고 관심 있는 건 머뭇거리지 않고 기웃거려 보는 걸 시작으로 삼고 있어요.(웃음) 해 봐야 알 거 같아서요."

지속 가능한
마을 만들기는 가능한가?

"내가 우울증에 걸릴 지경이에요."

예상치 못한 답변에 당황했다. 우각로 문화마을 연태성 대표에게 그
동안 생활문화 공동체 프로젝트를 진행하며 느낀 점을 물었더니 뜻밖
의 대답이 툭 튀어나왔다. 우각로 문화마을 기획 위원으로 사회적 기
업 '행복창작소'를 이끌었던 김종현 전 대표에게 더 신랄하고 격렬한
자기비판과 우려를 듣고 나온 참이었다. 머릿속이 마구 엉클어지는 기
분이었다.

달동네로 일컬어지는 인천 서민 동네의 생활사와 오래된 골목의 현재
적 의미를 짚어 본 뒤 '마을 공동체는 어떻게 지속 가능할까'에 대한 논
의로 책을 마무리할 계획이었다. 동구를 중심으로 중구와 남구 일부
등, 인천의 오래된 동네는 모두 재개발의 딜레마에 봉착해 있다. 수도
국산박물관을 경계로 한쪽은 언덕 위에 솟구친 고층 아파트 단지, 다른

쪽은 여전히 지붕이 날아갈까 봐 폐타이어와 돌멩이들을 잔뜩 이고 있는 판잣집들, 그리고 그 한가운데 블랙홀처럼 검게 웅크려 있는, 거대한 덩어리의, 끊긴 산업도로. 이 비정상적인 풍경은 지금 인천의 오래된 동네들이 겪고 있는 위기와 갈등을 압축적으로 보여 준다.

　많은 이들이 아직도 갈아엎기식 재개발과 그 와중에 발생하는 금전적 이득을 기대하고 있지만, 경기 불황과 부동산 침체라는 역풍을 맞으면서 그 기대는 미련만 남겨 두고 떠나 버린 얄미운 사람이 되어 버린 지 오래다. 자의든 타의든 지속 가능한 마을 공동체에 대한 고민을 시작해야 할 현실적인 조건이 갖추어지고 있는 형국인 것이다.

　위기와 갈등 속에 희망이 보이는 이때에 획일적이고 주민을 배제하는 전통적 재개발 방식에서 벗어나 주민 친화적이고 역사성을 이어 가

주민들의 반대로 공사가 중단된 산업도로. 수도국산 동네를 반으로 가른 채 흉물로 남았다.

는 바람직한 마을 재생 사업을 소개하고 싶었다. 신문 기사 등 각종 자료를 뒤지면서 찾아낸 게 호의적인 평가와 찬사로 가득한 숭의동 우각로 문화마을 프로젝트와 만석동 괭이부리마을 주거 환경 개선 사업이었다. 그런데 실제로 마을에 찾아가 사람들을 만나 보니, 언론을 통해 소개된 내용과 현실의 온도 차가 상당히 컸다. 기자가 기사에 속은 셈이다. 부끄럽고 민망했다.

늦가을 우각로 투어를 갔을 때 좀 이상하다는 생각은 들었다. 물론 오래된 골목이 지닌 편안한 매력은 그 자체로 충분히 가치가 있다. 다만 알록달록 단장을 한 골목이 이상하리만치 고요했다. 서울 삼청동이나 인천 차이나타운처럼 호젓한 산책은 상상하기도 힘든 골목으로 바뀌는 건 최악이지만, 마치 사람이 살지 않는 동네처럼 을씨년스러운 것도 자연스럽지는 않다. 게다가 두리번거리는 손님들도 문을 열 수 있는 공공장소들의 문이 꽁꽁 닫혀 있다는 것은 좋지 않은 징조였다. 날이 쌀쌀해지려니까 그런가, 운영자가 잠깐 어디를 갔나, 생각하고 넘어갔다.

이후 우각로 마을과 프로젝트 진행에 관한 이야기를 들으려고 만난 상주 예술인 김종현 연극 연출가('삶은 연극' 대표)는 "가장 안 좋을 때 찾아오셨다"는 말로 인사를 건넸다. 나중에 만난 연태성 대표가 "우울증에 걸릴 지경"이라고 개탄한 것과 같은 맥락이었다.

"분위기는 지금 가장 안 좋지만 어떻게 보면 지금이 우각로 문화마을의 새로운 분기점이라고 봐요. 그동안 산전수전 공중전 겪으면서 갈등을 겪고 시행착오를 반복한 것에 대해 이제 방향성을 다시 정리해야 할 시점이 왔으니까요."

그가 지금을 분기점이라고 말한 것은 2012년 문화체육관광부가 운영하는 복권 기금 '문화나눔'의 생활문화 공동체 만들기 사업으로 선정되어 3년간 받은 지원 기금이 2014년으로 종료되었기 때문이다.

최근 몇 년 새 '마을 만들기'는 가장 주목받는 사회운동, 지역 활동으로 부상했다. 이념이 중심에 있던 이전의 사회운동과 달리 주민 밀착형 풀뿌리 민주주의에 생태, 환경 등의 미래지향적 주제, 공동체성의 회복이라는 테마가 결합되며 전국으로 확산되고 있다. 다른 사회운동들과 달리 지자체들도 '원도심 살리기'나 '마을 재생 사업' 등의 타이틀로 이러한 움직임에 부응하고 있다. 박원순 서울시장이 취임 후 가장 먼저 공식 추진했던 것도 마을 살리기를 위한 마을 공동체 정책이었다. 낙후하는 원도심 문제를 바라보는 송영길 전 인천시장의 입장도 크게 다르지 않았다. 경기 침체로 전면 재개발 사업이 어려운 상황에서 유일한 대안이기도 했다.

민의 움직임에 정부, 관이 손을 내밀기 시작한다는 것은 돈이 들어온다는 이야기다. 우각로 문화마을도 생활문화 공동체 만들기 사업으로 선정되며 1억 4천만 원의 지원금을 받았다. 남구청 등 지자체에서 받은 지원금 등을 합치면 더 늘어난다. 문제는 사업 진행에 필요한 고마운 돈이 꼭 부작용을 동반한다는 것이다. 뜻을 같이하는 이들과 성미산마을을 만들었고 현재 서울시 마을공동체종합지원센터 센터장을 맡고 있는 유창복 씨는 저서『도시에서 행복한 마을은 가능한가』에서 평온하던 농촌 마을에 정부 지원금이 들어오면서 황폐해진 사례를 소개하며 정부가 지원하는 돈을 '독'에 비유한다.

아파서 먹는 약도 일종의 '독' 성분이지만 약효 때문에 부작용을 감수하고서라도 쓰는 것 아닌가. 그것도 제때 정량을 먹어야 약효가 있다. 하지만 그 약도 자꾸 먹으면 내성이 생겨 결국엔 약발도 안 듣고, 체질도 약해지므로 가급적 약을 먹지 않는 것이 나은 것과 같은 이치다.

주민들이 먼저 자신들의 자원을 내놓고 부족함을 느낄 때 부족분을 메우는 식으로 정부가 나서야 한다는 요지다.

타당한 이야기지만 현실적으로는 쉽지 않다. 대부분의 지원금 선정은 기획서를 평가해 결정하기 마련인데, 거기에 얼마만큼의 '진실'과 '구라'가 섞여 있는지는 파악하기가 매우 어렵다. 그리고 제출한 이들도 구상을 할 때에는 '진실'이었으나 받은 돈을 집행하는 과정에서 예상치 못한 문제에 직면하며 결과적으로 '구라', 공수표를 남발한 꼴이 될 수도 있다.

우각로 문화마을은 민관 거버넌스 조직인 남구21실천협의회에서 아이디어를 내 현실화시킨 프로젝트다. 오랫동안 재개발사업이 지지부진해 빈집이 늘면서 쓰레기 무단 투기를 비롯해 절도, 방화 등이 계속 발생해 우범지대화하는 동네를 바꾸어 보자는 의도로 추진되었다.

김종현 대표도 그때 제안을 받고 프로젝트에 합류했다. 김 씨는 본래 서울 출신이지만 인천에서 직장 생활을 하던 아내 유은정 씨와 결혼하면서 인천에 정착했다. 장수동에서 아이를 낳고 키우며 지역민들이 참여하는 연극 수업 등 문화 활동을 벌이다가 우각로로 들어왔다. 그는 세간에 알려진 것과는 다르게 첫 단추부터 동상이몽에 가까웠다고 비판한다.

"처음에 모였던 지역 예술가들은 50명이 넘어요. 이 가운데 절반이 곧바로 떨어져나갔어요. 당시 빈집을 예술가들의 거주 공간으로 무상 임대하고, 전도관도 작업실로 무상으로 제공한다는 계획이었죠. 그런데 전도관이 기대만큼 전면 오픈이 되지 않은 데다 빈집 역시 오랫동안 방치되어서 맨손으로 집을 짓듯 입주 작가 자신이 직접 보수공사를 해야 했어요. 공짜로 개인 스튜디오나 집을 얻는다는 생각만으로 왔다가 아닌 걸 알고 물러난 거죠."

열세 채의 빈집을 선정해 그중 열 집에 예술가들이 들어가기로 했으나, 지금은 다섯 명의 예술가만이 남았다. 함께 남은 사람들 사이에서도 미묘한 시각 차이가 있다. 그만큼 호된 내부 분열과 갈등을 겪었다는 징표일 터이다. 행복도서관, 게스트하우스 등 주민과 방문자들을 위해 만들었던 시설들도 사실상 개점휴업 상태고, 도자기 공방인 '자기랑'만이 일부 지역민들의 사랑방 구실을 하면서 외부인들을 위한 체험 수업 등을 운영하고 있다.

문 닫은 우각로 문화마을의 행복도서관

　　"나는 정치인들만 철새가 있는 줄 알았지, 예술가들도 철새가 있
더라는 건 문화마을 하면서 알았어요."

　　연태성 대표의 하소연도 비슷한 맥락이다. 이 동네 토박이인 연 대
표는 우각로 문화마을의 상징적 존재다. 그는 전도관 앞집에서 태어나
장성한 자식들을 둔 지금까지 살아왔다. 2007년부터는 외지인이 소유
한 전도관의 관리인으로 일하고 있다. 연 씨도 2012년 예술가들이 우
각로 마을에 들어올 때 마땅치 않은 눈으로 지켜보았던 주민 중 하나
였다. 그런데 몇몇 예술가들이 보여준 진심과 열정에 마음이 움직여

마을 살리기 사업에 동참하기 시작했다. 굳게 닫혀 있던 전도관의 문을 열어젖힌 것도 그의 노력 덕이었다. 예술인 주도로 운영되던 문화마을 프로젝트에서 그가 2013년 대표를 맡게 된 것은 주민과 예술 활동가들이 드디어 마음을 터놓고 손을 잡았다는 징표와도 같았다.

그러나 화기애애한 협업도 잠시, 원칙과 방향을 두고 참여 예술인들 사이에 갈등이 첨예해지고 지원금 운영에서도 대표인 연 씨도 모르고 지나가는 일들이 있을 정도로 투명성 문제가 발생했다. 그는 "결과보다 과정이 중요하다고 생각하는데, 관 쪽은 탁상적인 성과주의에 연연하고 참여 구성원들은 원칙을 앞세운 권력 싸움만 하고 있으니, 바지 대표는 더 이상 하기 싫다"며 다시 전도관 문에 자물쇠를 채우고 대표 자리도 내놓았다.

사실 어떤 활동이든 갈등은 일어나기 마련이고, 구성원 간 논쟁은 민주적인 조직 운영에 활력소 역할을 한다. 문제는 활동가들끼리, 그리고 활동가와 관할 지자체가 다투고 있는 동안 원래의 좋은 취지에서 가장 많이 소외되는 것은 주민들이라는 점이다.

연태성 대표처럼 맨 처음 외지인들에게 경계의 시선을 보내다가 마음의 빗장을 푼 주민들은 벽화 작업 등에도 참여하고 주민 축제 등에도 적극적인 관심을 보였다. 그런데 활동 프로그램들 중에 지역 특수성이나 지속성 등에 대한 충분한 고려 없이 단발성으로 진행되는 것들이 많았다. 주민 홍보와 소통도 지속적으로 이루어지지 못했다. 그러니 한 줌의 주민들이 노래 교실에서 연극 교실로, 문예 교실에서 도자기 공방으로 '돌려막기'식 동원이 되는 상황까지 연출되었다. 벽화는 일당을 받는 누군가의 일로 전락되어 골목 하나가 '동요골목'이라는 테마로 후딱 완성되었다.

그래도 성과가 없는 것은 아니다. 비록 몇 명 안 되지만 젊은이들이 동네에 사람 냄새를 보태면서, 비가 새도, 집 옆에 쓰레기가 산더미처럼 쌓여도 방치한 채로 보상받고 떠날 날만 기다리며 살던 주민들이 집을 고치기 시작했다. 집을 고치자 이 동네에 살기 시작한 이들도 생겨났다. 동네에 안정감이 생기면서 대낮에 순찰을 돌던 경찰차도 필요 없어졌다. 주민들의 얼굴도 전보다 많이 밝아졌다. 그러다 보니 김종현 씨는 현재의 문제점을 한보따리 풀어 놓으면서도 "우각로 문화마을이 실패로 끝나지는 않을 것"이라고 단언했다. 비록 싸우고 상처 입고 해도 시행착오를 통해 현장에서 얻은 것들이 있고, 주민들의 인식도 달라지고 있어 방향성을 다잡고 내부 정리를 제대로 하면 좋은 방향으로 풀려 나갈 것이라는 희망은 여전히 유효하다.

쌀쌀한 겨울바람을 뚫고 봄기운이 움트던 2015년 3월 7일, 만석동 기찻길옆작은학교 앞에는 20~30명의 사람들이 모였다. 이날 '인천도시공공성네트워크' 발족식에 참석하기 위해 모인 이들은 주거 환경 개선 사업 이후 괭이부리마을 투어에 나섰다. 인천도시공공성네트워크는 지역 특성을 고려하지 않은 관 주도의 일방적 지역 사업에 대한 문제의식을 공유하는 이들이 인천 도시 문화 현안에 대해 논의하고 지속적으로 대응하고 대안을 만들어 가기 위해 만든 모임이다. 인천골목문화지킴이 이성진 대표, 스페이스빔 민운기 대표, 만석신문 임종연 편집장, 기찻길옆작은학교 유동훈 상근 교사 등 오랫동안 인천의 지역 문제와 오래된 마을 살리기에 관심을 쏟아 온 이들뿐 아니라, 인천시 주거환경정책과 사무관과 아이를 유모차에 태워 온 동네 주민까지 다양한 사람들이 모였다.

임종연, 유동훈 씨의 안내로 주거 환경 개선 사업 시행 이후 새로 깔린 길을 따라 걸으며 마을회관, 공동 작업장, 입주를 마친 임대주택 단지 등을 돌아보았다. 아이들로 복작대던 때에는 이 동네 아이들의 가장 큰 놀이터였던 공터 자리에 들어선 4층 건물 희망키움터(공동 작업장) 1층에는 카페가 있다. 평소에도 이날처럼 손님들의 거의 없다고 한다. 사회적 기업으로 설립한 김치 공장 작업장 역시 문 닫힌 날이 더 많다. 판로를 찾지 못했기 때문이다. 본래 구청 식당에 안정적으로 납품하게 하겠다는 구청장의 약속이 있었지만, 구청장이 바뀌면서 구청 식당이 아예 문을 닫았다. 씁쓸한 농담 같은 현실이다. 공동 작업장 가운데 굴 껍질을 까는 굴막 작업장만이 비교적 활용도가 높다고 한다. 굴막은 이곳에 사람이 몰려들기 시작한 전쟁 통부터 지금까지 만석동 주민들의 중요한 생계 터전이다.

아카사키촌의 언덕을 따라 올라가며 굴막 작업장을 지나면 나오는 4층짜리 임대아파트 두 동. 이곳은 원주민 쫓아내기식의 지금까지 재개발 아파트와 달리 원주민 100퍼센트 재정착을 목표로 지어져 주목받았다. 괭이부리마을 주거 환경 개선 사업이 바람직한 모델로 자주 인용되어 온 이유이기도 하다. 하지만 임종연 편집장의 설명은 달랐다.

팽이부리마을 굴막 작업장

"집이 헐려 임대주택지에서 이주한 44세대 중 28세대만이 임대주택에 재입주했으며, 대규모 임대주택은 사업 지구 내 오래된 집의 주민들을 빠르게 흡수하면서 주택의 공동화를 가속시켰다."

보상을 받고 이주했던 사람들은 보상비를 돌려주고 입주해야 하는데 그렇지 하지 않은 이도 있었고, 워낙 노인들이 대부분이라 중간에 세상을 떠난 분들도 있었다. 또, 낡은 주택에 살던 주민들 일부가 보증금을 내고 임대주택에 들어오면서 빈집이 늘었다. 빈집이 는다는 것은 안전 문제와 함께 남은 이들의 적막함, 외로움도 늘어난다는 뜻이다. 어디나 그렇듯 보상으로 동네에 돈이 들어오면서 반목이 시작되고, 부서지기 쉬운 동네 집들을 단단하게 엮었던 마을의 공동체성도 흔들리게 되었다.

2011년 원도심을 살리면서 주거 환경을 개선한다는 취지 아래 시작된 이 사업에는 180억 원의 돈이 들어갔다. 인천시가 110억 원의 예산을 들여 지은 임대주택 말고도 공동 작업장과 김치 공장 건립, 도시 활력 증진 사업(텃밭, 공원 조성, 도로 재포장 등) 등에만 70억 원 이상이 쏟아부어졌다. 반면, 오래된 주택에 살고 있는 원주민들이 가장 필요로 하는 상하수도 기반 시설 확충이나 지붕 등 집수리, 화장실 문제 등은 건드리지 못했다. 새 아파트촌처럼 깔끔하게 정비된 쌈지공원과 깜찍한 텃밭까지 조성되어 있지만, 다리 불편한 노인들이 여전히 밤마다 어둠을 뚫고 공동 화장실을 향해 걸어가야 한다. 전국 지자체 정부들의 가장 큰 관심사가 된 마을 살리기, 도시 재생 사업이 어떤 상상력으로, 어떤 비전을 가지고 진행되고 있는지 적나라하게 보여 주는 장면이다. 구에서는 개인 소유 자산을 정비하는 데 정부가 지원에 나서는건 법적으로 문제가 있어 어쩔 도리가 없다고 설명을 하지만, 탁상행정이라는 비판에서 자유롭기는 힘들어 보인다. 이 와중에 동구청은 대통령 직속 기구인 지역발전위원회가 괭이부리마을 주거 환경 개선 사업을 우수 사업 사례로 선정했다고 현수막을 내걸고 대대적으로 홍보했다가 사실이 아닌 것으로 드러나 망신을 샀고, 2015년 1월에는 만석동 2번지 제2 괭이부리말 사업 계획을 발표했다.

주민 편의와 행정 편의 사이의 평행선. 이것은 마을 재생 사업의 영원한 숙제처럼 보인다. 이 평행선을 만나게 하는 방법은 실은 간단하다. 주민들이 이 사업의 파트너로 참여하는 것이다. 동구청 역시 주민 참여형 개발이라고 공언하면서 괭이부리말 사업을 시작했다. 그러나지역추진협의체, 주민대표회의 등으로 이름을 바꾸어 가며 현안을 논의하던 원주민 모임은 행정과의 갈등, 주민들의 무관심 등으로 실제 사업의 방향에 대해 별다른 발언권을 행사하지 못했다.

일부 현장 활동가들은 동구청이 명분을 얻기 위해 주민협의체를 꼭두각시로 이용했다고 비판한다. 이러한 비판은 지자체의 전시 행정, 단기 성과주의에 대한 반발과 맥을 같이한다. 임기 내에 재개발이든 마을 재생이든, 눈에 보이는 성과를 올리고자 하는 지자체 정부는 주민들과 길게 이야기할 시간이 없다. 길게 이야기할 시간이 없으니 주민들이 필요로 하는 것에 귀 기울이기보다는 표준화된 매뉴얼로 사업을 추진하고 싶어 한다. 잔디를 심고 벤치를 가져다 놓은 쌈지공원이나, 요즘 유행하는 사회적 기업을 활용한 지역 수익 창출 등이 대표적이다. 그리고 괭이부리말에도 이런 것들이 어김없이 패키지로 들어왔다.

　현장에서는 이구동성으로 "단기성 전시 행정보다는 장기적 안목으로 주민들 입장에서 마을 살리기든 도시 재생이든 하라"고 요구한다. 타당한 말이지만 어떤 지자체의 수장이 진심으로 이런 요구에 귀 기울일까 우려되는 것이 사실이다. 4년에 한 번 있는 선거에서 이기기 위해 총력을 펼치는 이들에게 20년 뒤, 30년 뒤를 보라는 조언이 얼마나 먹힐까. 이명박 전 대통령이 서울시장으로 청계천을 복원할 때 장시간에 걸쳐 생태계를 살리기보다 짧은 시간에 바닥을 막고 수돗물을 대는 식으로 진행해 비판을 받았지만, 그 과정은 잊히고 지금은 그럭저럭 괜찮은 도심 속 휴식 공간으로 자리 잡았다. 여전히 너무나 많은 사례들이 치적에 목마른 정치인들의 속도전과 과정 삭제를 용인한다. 마을 살리기에 장기적 안목을 끌어들이는 작업이야말로 가장 긴 장기전으로 치러야 할 싸움일지도 모르겠다.

　지자체의 전시 행정에는 '임기 안'이라는 시간적 한계 외에 '어떻게'라는 방법론의 문제도 있다. 우각로든 괭이부리말이든 예외 없이 거론되는 '관광 상품화' 논란이 대표적이다. 《인천일보》에 기고한 칼럼에서 이흥수 동구청장이 부산 감천문화마을의 사례를 높이 평가하며 "동구를 팔아묵자"고 쓴 실무자의 기획서를 칭찬하자 거센 비판이 터져 나왔다. 주민들을 오히려 고립시키고 갈등을 부추기는 관광 상품화가 과연 올바른 대안이냐는 지적이다. 동구 쪽은 괭이부리말 주거 환경 개선 사업을 추진할 때에도 관광객을 위한 쪽방 민박 체험장을 조성하려다 주민들의 반발로 계획을 철회한 바 있다. '가난을 팔아 주민들의 가난을 해결해 준다'는 생각을 발상의 전환이라고 해야 할지 뭐라고 불러야 할지 난감하다.

지자체가 관광 상품화를 추진하는 이유를 부정적으로만 볼 수는 없다. 수익 기반은 없고 소득 수준은 낮은 동네에서 주민들에게 금전적 이익이 돌아갈 수 있도록 궁리한 대안이다. 또한 노인들만 남아서 생기가 사라진 동네에 사람들을 불러 모아 활기를 불어넣겠다는 의도도 있을 터이다. 다만 그 고민에서 빠져 있는 것이 바로 금전으로만 환산할 수 없는 '삶의 질' 문제이다. 오래된 골목 여행이 새로운 여행 트렌드로 각광 받으면서 여느 번화가보다 더 부산스러워진 삼청동과 그 뒤

차이나타운 옆 송월동 동화마을. 주말마다 관광객들로 붐비지만, 지역 특성과 주민 편의에 대한 배려가 부족한 개발로 비판을 받는다.

를 이은 서촌의 원주민들은 하나같이 불편해진 생활을 하소연한다. 쓰레기를 버리려고 잠옷 차림으로 대문을 살짝 열었는데 펑펑 터지는 여행자들의 카메라를 비롯해 세탁소, 미장원 등 오래된 동네 가게들이 카페와 고급 레스토랑으로 바뀌면서 옷 한번 드라이 맡기기도 고단해졌다고 한다. 동네 전체를 알록달록하게 바꾸면서 개인 집 대문에까지 그림을 그려 방문객들이 그 앞에서 포즈를 잡고 사진을 찍게 한 송월동 동화마을의 주민들 역시 주말이면 근무하는 날보다 더 피곤한 휴일을 보낼 것이다.

그럼에도 불구하고 관광 상품화가 그냥 버려야 할 카드인가는 개인적으로 단순명쾌하게 정리를 못 하겠다. '관광 상품'이라는 말 자체에서 배어 나오는 기계적 사고, 그리고 구체적 실행안에 자주 등장하는 '박물관' '체험관' '카페' '벽화' '도예 공방' 등, 마을 재생 운동에 단 한 번 발 들여놓지 않았던 나조차 줄줄이 읊을 수 있는 빈곤한 내용들이 '안 봐도 비디오'인 결말을 예상케 한다. 하지만 그런 식이 아니라면, 주민들이 직접 참여하고 보람도 느끼며 수익도 낼 수 있는 것들을 고민해 본다면, 외지인들의 발길이 가라앉는 동네에 활력이 될 수 있지 않을까 하는 생각도 조심스럽게 든다.

부산 감천마을과 함께 전국 달동네에 벽화 그리기 열풍을 불러왔던 통영 동피랑마을. 재개발의 칼바람을 물리치고 펼쳐진 이곳 마을 살리기도 외지인들이 불을 지폈다. 전국골목그림전을 공모해 서울의 직장인 그룹과 지역의 중학생들, 예술인 가족 등 전국에서 다양한 참여자가 모여서 시작한 일이다. 환경 운동 단체 '푸른통영21'에서 일하며 동피랑 벽화마을, 연대도 에코아일랜드, 강구안 푸른 골목 만들기 등을 주도해 온 활동가 윤미숙 씨가 쓴 『춤추는 마을 만들기』를 보면 동피랑마을 역시 그 과정에서 행정과 주민, 주민과 주민, 주민과 지원 단체, 원주민과 새 주민들의 관계에서 크고 작은 갈등을 겪었다. 2014년 말 윤 씨가 8년 동안 협업해 온 통영시로부터 일방적 해고 통고를 받은 뒤 경남지방노동위원회가 부당해고 결정을 내린 것처럼 지금도 부딪침의 불씨는 상존한다. 그러나 동피랑마을의 변화는 다른 마을들도 분명 참고할 만한 사례다.

윤 씨가 반복해 강조하는 이야기는 인천 원도심 활동가들의 생각과 크게 다르지 않다. 마을 살리기는 "사람으로 시작해서 사람으로 끝나는 일"이어야 한다는 것이다.

"벽화가 대유행이다. 그러나 도심의 때깔 바꾸기만으로는 지속이 절대 불가능하다. 예술 작품이 몇 개 들어섰다고 그 공간에 사는 주민들에게 일찍이 없던 애정이 갑자기 우후죽순처럼 생겨나는 것도 아니다. 언제나 밑바탕이자 기본은 소통과 공감이다. 추진하는 팀에서 가장 필요한 것이 있다면 충만한 측은지심과 재생, 즉 다시 일어서기에 어떤 형식으로든지 조금이라도 기여하고자 하는 낮은 마음이다. 사실, 마을 만들기의 모든 사업은 복지의 개념에서 출발하고 마무리하는 것이 맞다."

참고 문헌

- 경인일보 특별취재팀, 『격동 한 세기-인천 이야기(상·하)』, 다인아트, 2001.
- 고일, 『인천석금』, 경기문화사, 1955.
- 김금희, 『센티멘털도 하루 이틀』, 창비, 2014.
- 김윤식 외, 『간추린 인천사』, 인천학연구소, 1999.
- 김중미, 『괭이부리말 아이들』, 창작과비평사, 2007.
  　　　, 『우리 동네에는 아파트가 없다』, 도깨비, 2002.
- 손세관 외, 『한국 주거의 사회사』, 돌베개, 2008.
- 손장원 외, 〈인천 지역 전통 주거 건축물의 평면 및 배치 유형에 관한 연구〉, 《인천 학 연구》 제4호, 2007.
- 손창섭, 『손창섭 단편 전집 1』, 가람기획, 2005.
- 수도국산달동네박물관, 〈수도국산달동네박물관〉 상설 전시 도록, 2009.
  　　　　　　　　, 〈이광환 일기(1945~1970)〉 특별 기획 전시 도록, 2007.
- 안재성, 「동일방직 사건-"똥을 먹고 살 순 없다"」.
- 오정희, 『유년의 뜰』, 문학과지성사, 2013.
- 유동현, 『골목, 살아[사라]지다』, 인천광역시, 2013.
- 유동훈, 『어떤 동네』, 낮은산, 2010.
- 유승훈, 〈도시민속학에서 바라본 달동네의 특징과 의의〉, 《민속학 연구》 제25호, 2009.
  　　　, 『부산은 넓다』, 글항아리, 2013.
- 유창복, 『도시에서 행복한 마을은 가능한가』, 휴머니스트, 2014.
- 윤미숙, 『춤추는 마을 만들기』, 남해의봄날, 2015.
- 이현식, 『인천 담론, 인천 정담』, 리토피아, 2012.
- 인천동구청, 『추억 속의 동구 이야기-아! 옛날이여』, 2008.
- 『인천 중앙시장』, 인천광역시립박물관 조사 보고 제25집, 2013.